ye 1788

Nostra damus, cum verba damus, nam fallere
noftrum est,
Et cum verba damus, nil nisi nostra
damus.

M. Pratl. Poes.

Anne Ponsard, femme de Michel Nostradamus. Rufi-
Hist. de Marseill. l. 14. c. 3. §. 32. p. 380.

Toushant La fr:
Veyez. Centurie: 5: Quatrain. 5??.

agardir Voyés
Y. 4621. &c.
A.

LES

PROPHETIES

DE M. MICHEL

NOSTRADAMVS.

***

Dont il y en a trois cens qui n'ont
encores iamais esté imprimees.

Adioustees de nouueau par
ledict Autheur.

A LYON.
PAR IEAN PO[...]

PREFACE
DE M· MICHEL
NOSTRADAMVS
à ſes Propheties.

Ad Cæſarem Noſtradamũ filium,
Vie & felicité.

TONT ARD aduenement, Ceſor Noſtredame mon fils, m'a fait mettre mon long temps par cont inuelles vigilations nocturnes referer par eſcript toy delaiſſer memoire, apres la corporelle extinction de ton progeniteur au commũ proſſit des humains, de ce que la Diuine eſſence par Aſtrono-

A 2

mique reuolutions m'ont donné cognoif-
fance. Et depuis qu'il a pleu au Dieu
immortel que tu ne fois venu en naturelle lumiere dans cefte terrene plaige, &
ne veux dire tes ans qui ne font encores
accompagnez, mais tes mois Martiaux
incapables à receuoir dedans ton bile entendement ce que ie feray côtrainct apres
mes iours definer: veu qu'il n'eft poffible
te laiffer par efcrit, ce que feroit par l'iniure du temps obliteré: car la parolle he-
reditaire de l'occulte prediction fira dâs
mon eftomach intercluse: confiderât auffi
les aduentures de l'humain definiment
eftre incertaines, & que le tout eft regi
& gouuerné par la puiffance de Dieu
ineftimable, nous infpirant non par
bacchant : fureur, ne par limphati-
que mouuement, mais par aftronomiques affertions. Soli numine diuino
afflari

afflari præsagiunt & spiritu prophe-
tico particularia: *Combien que de long*
teps par plusieurs fois i'ay predit log teps
au parauant ce que depuis est aduenu; &
en particulieres regios attribuant le tout
estre faict par la vertu & inspiration
diuin: & autres felices & sinistres aduē-
tures de accelerec promptitude pronōcees
que de puis sont aduenues par les climats
du monde, ayant voulu taire & delaisser
pour cause de l'iniure, & non tant seule-
mēt du teps present, mais aussi de la plus
grande part du futur, de mettre par escrit
pource que les regnes, sectes & religiōs
feront changes si opposites, voire du res-
pect du present diametralement, que si ie
venois, à referer ce qu'à l'aduenir sera
ceux de regne, secte religion, & foy trou-
ueroyent si mal accordant si leur fantasie.
auriculaire, qu'ils viendroyent à damner.

A 3

ce que par les siecles aduenir on cognoi-
stra estre veu & apperceu. Considerant
aussi la sentence du vray Sauueur. No-
lite sanctum dare canibus nec mit-
tatis margaritas ante porcos non
conculcent pedibus & conuersi di-
rumpant vos. *Qui a esté la cause de*
faire retirer ma langue au populaire, &
la plume au papier, puis me suis voulu
estendre declarant pour le commun ad-
uenement par obstroses & perplexes sen-
tences les causes futures, mesmes les
plus vrgentes, & celles que i'ay apper-
ceu, quelques humaine mutation qu'ad-
uienne ne scancalifer l'auriculaire fragi-
lité, & le tout escrit soubs figure nubi-
leuse plus que du tout prophetique, com-
bien que, Abscondisti hæc à sapien-
tibus, & prudentibus, id est, poten-
tibus & regibus ; & enucleasti ea
exiguis

exiguis & tenuibus. & aux Prophete par le moyen de Dieu immortel, & des bons Anges ont receu l'esprit de vaticination, par lequel ils voyent les choses loingtaines, & viennent à preuoir les futurs aduenemens : car rien ne se peut paracheuer sans luy, ausquels si grande est la puissance, & la bonté aux subiets que pēdant qu'ils demeurēt en eux, toutesfois aux autres effects subiects pour la similitude de la cause du bō genius, celle chaleur & puissance vaticinatrice s'approche de nous, comme il nous aduient des rayons du Soleil, qui viennent iettāt leur influence aux corps elementaires, & non elementaires. Quant à nous qui sommes humains, ne pouuons rien de nostre naturelle cognoissance & inclination d'engin, cognoistre des secrets obstruses de Dieu le Createur. Quia non

A 4

eſt noſtrum noſcere tempora, nec
nomenta,&c.Combien qu'auſſi de preſent peuuent aduenir & eſtre perſonna-
gee,que Dieu le createur aye voulu reue-
ler par imaginatiues impreſſions quelques ſecrets de l'aduenir, accordez à
l'Aſtrologie iudicielle comme du paſſé
que certaine puiſſance & volontaire fa-
culté venoit par eux, comme flambe de
feu apparoit, que luy inſpirant on venoit à iuger les diuines & humaines
inſpirations,Car les œuures diuines, que
totalemēt ſont abſolues Dieu les vient
parachener la moyenne qui eſt au milieu
des Anges: la troiſieſme les mauuais.
Mais,mon fils, ie te parle icy vn peu trop
obſtruſemēt: mais quant aux occultes
vaticinations qu'on vient à receuoir par
le ſubtil eſprit de feu,qui quelquefois par
l'entendemēt agité,contemplant le plus
                                    haut

haut des astres, comme estant vigilant,
mesmes qu'aux prononciations, estant
surprins escrits prononçant sans con-
trainéte moins attainét d'inuereconde
loquacité:mais quoy tout procedoit de la
puissance diuine du grand Dieu eternel,
de qui toute bonté procede. Encores,mon
fils, que t'aye inseré le nom de Prophete,
ie ne veux attribuer tiltre de si haute
sublimité pour le temps present : car qui
Propheta dicitur hodie, olim vo-
cabitur videns:car Prophete propremēt
mon fils,est celuy qui voit choses lointai-
nes de la cognoissance naturelle de toute
creature. Et cas aduenant que le Prophete,moyennant la parfaiéte lumiere de la
Prophetie luy appaire manifestement des
choses diuines,comme humaines, que ce
ne se peut faire, veu que les effects de la
future prediétion estendent loing:car les

A 5

secrets de Dieu incomprehensibles, & la
vertu effectrice contingent de longüe
estenduë de la cognoissance naturelle,
prenant leur plus prochain origine du li-
beral arbitre, fait apparoir les causes que
d'elles mesmes ne peuuent acquerir celle
notice pour estre cognèues, ne par les humains augures, ne par autre cognoissan-
de vertu occulte:comprinse soubs la concauité du ciel mesme du faict present to-
talement eternité, que vient en soy em-
brasser tout le temps. Mais moyennant
quelque indiuisible eternité, par comitia-
le agitation Hiraclieane, les causes par le
celeste mouuement sont cognèues. Ie ne
dis pas, mon fils, à fin que bien l'enten-
dez, que la cognoissance de ceste manie-
re ne se peut encores imprimer dans ton
debile ceruiau, que les causes futures bien
loingtaines ne soyent à la cognoissance
de

de la creature raisonnable:si sont nonôb-
stant bonnement la creature de l'ame in-
tellectuelle des choses presentes loingtaines ne luy sont du tout ne trop occultes,
ne trop reserés:mais la parfaicte des causes notices ne se peut acquerir sans celle
diuine inspiration:veu que toute inspiration prophetique reçoit preägnt son
principal principe mouuant de Dieu le
createur,puis de l'heur& de nature.Par-
quoy estant les causes indifferëtes indif-
feremmët produictes,& non produictes,
le presage partie aduient , ou à esté predict. Càr l'entendemët cree intellectuel-
lemët ne peut voir occultement sinon par
la voix faicte au l'imbe , moyennant
l'exigue flame,en laquelle partie les causes futures se viendront à incliner. Et
aussi, mon fils, ie te suplie que iamais tu
ne vueilles employer ton entendement à
                                    telles

telles refueries & vanitez qui feichent
les corps & mettent à perdition l'ame,
donnant trouble au foible fens : mefmes
la vanité de la plus qu'execrable magie
reprouuee iadis par les facrees efcritures,
& par les deuins canons, au chef daquel
eft, excepté le iugement de l'Aftrologie
iudicielle : par laquelle, & moyennant
infpiration & reuelation diuine par cô-
tinuelles fupputations, auons nos propheties redigé par efcrit. Et combien que
celle occulte Philofophie ne fuffe reprou-
ué, n'ay oncque voulu prefenter leur ef-
frenees perfuafions, côbien que plufieurs
volumes qui ont efté cachez par longs
fiecles me font efté manifeftez. Mais
doutant ce qui aduiendroit, en ay faiêt
apres la leêture prefent à Vulcàn, qui cependant qu'il les venoit à deuorer, la
flamme lefchant l'air rendoit vne clarté
info

insolité, plus claire que naturelle flamme, comme lumiere de feu de clystre ful-
gurant, illuminant subtil la maison: cö-
me si elle fust esté en subite cöslagration.
Parquoy à fin qu'à l'aduenir ne fußiez
abuzé, perscrutur la parfaicte trasforma-
tion tant seline que solitaire, & soubs
terre metaux incorruptibles, & aux ondes, occultes, les ay en cendres conuertis.
Mais quant au iugement qui se vient
paracheuer, moyennant le iugement celeste, cela te veux ie manifester: parquoy
auoir cognoissance des causes futures, re-
iectant loing les phantastiques imagi-
nations qui aduiendront limitant la
particularité des lieux par diuine inspiration supernaturelle : accordant aux celestes figures les lieux, & vne partie du
tëps de proprieté occulte par vertu, puissance, & falculté diuine en presence de
laquel

laquelle les trois temps sont comprins
par eternité, reuolution tenant à la cause
passee, preséte & future. quia omnia sūt
nuda & aperta, &c. Parquoy, mon fils,
tu peux facilement, nonobstant ton ten-
dre ceyueau comprendre que les choses
qui doiuent aduenir, se peuuent prophe-
tizer par les nocturnes & celestes lumie-
res, qui sont naturelles, & par l'esprit de
prophetie : non que ie me vueille attribuer nomination ny effect prophetique :
mais par reuelee inspiration, côme homme mort l'esloigné non moins de sens au
Ciel, que les pieds en terre. Possum non
errare, falli, decipi, suis pecheur plus
grand que nul de ce monde subiect à toutes humaines afflictions. Mais estant
surprins par fois la sepmaine limphati-
quant, & par longue calculation, rendant les estudes nocturnes de souefue\
odeur,

odeur, i'ay compofé liures de propheties
contenant chacun cent quatrains aftronomiques de propheties, lefquelles i'ay
vn peu voulu rabouter obfcurement &
font perpetuelles vaticinations, pour
d'yci à l'annee 3797. Que poßible fera
retirer le front à quelques vns, en voiät
longue extention, & par foubs toute la
concauité de la Lune aura lieu & intelligence: & ce entendant vniuerfellement
par toute la terre les caufes mon fils, que
fi tu vis l'aage naturel & humain tu
verras deuers ton climat, au propre Ciel
de ta natiuité, les futures aduentures.
preuoir. Combien que le feul Dieu eternel foit celuy qui cognoift l'eternité de fa
lumiere, procedant de luy mefmes, & ie
dis franchement qu'à ceux à qui fa ma-
gnitude immenfe, qui eft fans mefure &
incomprehenfible, a voulu pour longue

iij

inspiration, melancolique reueles, que
moyennant icelle cause occulte manife-
stee diuinement, principalemēt de deux
causes principales, qui sont comprinses à
l'entendement de celuy inspiré qui prophetise, l'vne est que vient à infuser es-
clarcissant la lumière supernaturelle, au
personnage qui predit par la doctrine
des astres, & prophetise par inspiree reuelation, laquelle est vne certaine parti-
cipation de la diuine eternité, moyennāt
le Prophete viēt à iuger de cela que son
diuin esprit luy a donné par le moyen de
Dieu le createur, & par vne naturelle
instigation, c'est à sçauoir que ce predit,
est vray, & a prins son origine & ethe-
reement: & telle lumiere & flamme exigue est de toute efficáce, & de telle alti-
tude non moins que la naturelle clarté,
& naturelle lumiere rend les Philosophes

ſi

si asseurez, que moyennant les principes
de la premiere cause ont atteinct à plus
profondes abysmes des plus hautes do-
ctrines, Mais à celle fin, mõ fils, que ie ne
vague trop profondement pour la capaci-
té future de ton sens, & aussi que ie
treuue que les lettres serõt de si grãde &
incomparable iacture, que ie treuue le
monde auant l'vniuerselle conflagration aduenir tant de deluges & si hautes inondations, qu'il ne sera guiere terroir qui ne soit couuert d'eau, & sera par
si long temps, que horsmis enogrophies
& topographies que le tout ne soit pery,
aussi auant & apres telles inondations,
en plusieurs contrees les playes seront si
exigues, & tombera du ciel si grande
abondance de feu & de pierre candentes,
qu'il n'y demeurera rien qui ne soit con-
sommé: & cecy aduenir en brief, & auãt

B

la derniere conflagration : Car encores
que la planette de Mars paracheue ſon
ſiecle & à la fin de ſon dernier periode,
ſi le reprendra il: mais aſſemblez les vns
en Aquarius pluſieurs annees , les
autres en Cancer par plus longues &
continues. Et maintenant que ſommes
conduicts par la Lune, moyennant la totale puiſſance de Dieu eternel, qu'auant
qu'elle aye paracheué ſon total circuit le
Soleil viendra, & puis Saturne. Car ſelon les ſignes celeſtes, le regne de Saturne ſera de retour, que le tout calculé, le
monde s'approche d'vne anaragoniqƲe
reuolution : & que de preſent que cecy
i'eſcrits auant cent ſeptante ſept ans
trois mois vnze iours par peſtilence, longue famine, & guerres, & plus par les
inondations le monde entre cy & ce terme preſix, auant & apres par pluſieurs
fois,

fois, ſera diminué, & ſi peu de monde
ſera, que l'on ne treuuera qui vueille
prendre les champs: qui deuiendront li-
bres auſsi longuement: qu'ils ſont eſtez
en ſeruitude, & ce quant au viſible iugement celeſte, qu'encores que nous ſoyós
au ſeptieſme nombre de mille qui paracheue le tout: nous approchât du huictieſ
me, où eſt le firmament de la huictieſu.e
ſphère, qui eſt en dimenſion latitudinai-
re, où le grãd Dieu eternel viendra paracheuer la reuolution, où les images celeſtes retourneront à ſe mouuoir & le mouuement ſuperieur qui nous rend la terre
ſtable & ferme non inclinabitur in
ſæculum ſæculi: horsmis que ſon vouloir ſera accomply, mais non point autre-
men, ombien que par ambigues opir iõs
excedantes toutes raiſons naturelles par
ſonges Mathematiques, auſsi aucunes-

B 2

fois Dieu le createur par les ministres de
ses messagiers de feu, enflamme missiue
viēt à proposer aux sens exterieurs mes-
mement à no's yeux, les causes de future
prediction, significatrices du cas futur
qui se doit à celuy qui presage manifester. Car le presage qui se faict de la lumiere exterieure vient infalliblement
à iuger partie auecques, & moyennant le
lume exterieur, combien vrayement que
la partie qui semble auoir par l'œil de
l'entendement, ce que n'est par la lesion
du sens imaginatif, la raison est par trop
euidente, le tout estre predict par afflatiō
de diuinité, & par le moyen de l'esprit
angelique inspiré à l'homme propheti-
sant, rendant oinctes de vaticination, le
venant à illuminer, luy esmouuant le
deuant de la phantasie par diuerses nocturnes apparitions que par diurne certi-
                                        tude

tude prophetisé par administration A-
stronomique conioincté de la sanctissi-
me future prediction , ne considerant
ailleurs qu'au courage libre,Viens à ceste
heure entendre, mon fils , que ie trouue
par mes reuolutions qui sont accordantes
à reuelee inspiration,que le mortel glaiue s'approche de nous maintenant , par
peste ,guerre plus horrible qu'à vie de
trois hommes n'a esté , & famine,lequel
tombera en terre,& y retournera souuét:
car les Astres s'accordent à la reuolution,
& aussi a dit: Visitabo in virga fer-
rea iniquitates eorum,& in verberi-
bus percutiam eos : car la misericordé
de Dieu ne sera point dispergee vn téps,
mon fils,que la pluspart de mes Propheties seront accomplies, & viédront estre
par accóplissemét reuoluës. Alors par plusieurs fois durãt les sinistres tépestes, Cő
terã ego,dira le Seigneur,& cófringã

& non miferebor, & mille autres aduétures qui aduiédront par eux & con-
tinuelles pluyes, comme plus à plain l'ay
redigé par efcrit, aux miennes autres.
Propheties qui font côpofées tout au lõg,
in foluta oratione, limittant les lieux,
téps & les termes prefix que les humains
apres venus verront, cognoiffans les ad-
uêntures aduenues infalliblemét, comme
auõs noté par les autres parlãt plus clai-
rement, nonobftant que foubs nuée feront
comprifes les intelligences: fed quando
fubmouendà erit ignorantia: le cas
fera plus efclaircy. Faifant fin, mon fils,
prens dôc ce don de ton pere Michel Noftradamus; efperant toy declarer vne
chacune Prophette des quatrains ci mis
Priant Dieu immortel, qu'il te vueille
prefter vie longue, en bonne & profpore
felicité. De Salon ce 1. de Mars, 1555.

PRO

PROPHETIES,
DE MAISTRE,
Nastradamus:

CENTVRIE I.

ESTANT aſſis de nuict ſecret eſtude,
Seul repoſé ſur la ſelle d'ærain:
Flambe exigue ſortant de ſolitude,
Fait proſperer qui n'eſt à croire vain.

II.

La verge en main miſe au millieu dé Braches,
De l'onde il moulle & le l'iimbe & le pied:
Vn peur & voix fremiſſent par les manches:
Splendeur diuine. Le diuin pres s'aſſied,

III.

Quand la lictiere du tourbillon verſeé,
Et ſeront faces de leurs manteaux couuers,
La republique par gens nouueaux vexee,
Lors blancs & rouges iureront à l'enuers.

IV.

Par l'vniuets ſera faict vn monarque,
Qu'en paix & vie ne ſera longuement:
Lors ſe perdra la piſcature barque,
Sera regie en plus grand detriment.

B 4

V.

Chaſſez ſeront pour faire long combat,
Par les pays ſeront plus fort greuez:
Bourg & cité auront plus grand debat.
Carcaſ. Narbonne auront cœur eſprouuez.

VI.

L'œil de Rauenne ſera deſtitué,
Quand à ſes pieds les aiſles failliront,
Les deux de Breſſe auront conſtitué,
Turin, Verſeil que Gaulois fouleront.

VII.

Tard arriué l'execution faicte,
Le vent contraire lettres au chemin prinſes:
Les coniurez quatorze d'vne ſecte,
Par le Rouſſeau ſenez les entreprinſes.

VIII.

Combien de fois prinſe cité ſolitaire,
Seras changeant ſes loix barbares & vaines:
Ton mal s'approche.Plus ſeras tributaire
Le grand Hardie recouurira tes veines.

IX.

De l'Orient viendra le cœur Punique
Faſcher Hadrie, & les hoires Romulides,
Accompagné de la claſſe Libique,
Temples Melites & proches Iſles vuides.

X.

Serpens tranſmis en la cage de fer,
Ou les enfans ſeptains du Roy ſont pris:
Les vieux & peres ſortirons bas de l'enfer,
Ains mourir voir de fruict mort & cris.

Le

X I.

Le mouuement de fens, cœur, pieds & mains
Seront d'accord Naples, Lyon, Sicile.
Glaiues, feux eaux, puis aux nobles Romains,
Plongez, tuez, morts par ceruceau debile.

X I I.

Dans peu dira fauffe brute fragile,
Debat en haut efleué promptément:
Puis en iftant defloyale & labile,
Qui de Véronne aura gouuernement.

X I I I.

Les exilez par ire, haine inteftine,
Feront au Roy grand coniuration:
Secret mettront ennemis par la mine,
Et fes vieux fiens contr'eux fedition.

X I V.

De gêt efclaue chanfons, chats & requeftes,
Captifs par Princes & Seigneurs aux prifons:
A l'aduenir par idiots fans teftes,
Seront receus par diuin'oraifons.

X V.

Mars nous menace par la force bellique,
Septante fois fera le fang efpandré:
Auge & ruyne de l'Eccléfiaftique,
Et plus ceux qui d'eux rien voudront entédre.

X V I.

Faux à l'éftang ioinct vers le Sagittaire,
En fon haut A V G E de l'exaltation,
Pefte, famine, mort de main militaire,
Le fiecle approche de renouation.

B 5

XVII.

Par quarante ans l'Iris n'apparoiſtra,
Par quarante ans tous les iours ſera veu:
Par terre aride en ſiccité croiſtra,
Et grands deloges quand ſera apperceu.

XVIII.

Par la diſcorde Negligence Gauloiſe,
Sera paſſage à Mahommet ouuert:
De ſang trempé la terre & mer Senoiſe,
Le port Phocen de voilles & nerfs couuert.

XIX.

Lors que ſerpens viendront circuer l'arc,
Le ſang Troyen vexé par les Eſpaignes:
Par eux grand nombre en ſera faicte rarç,
Chef fruict,caché aux marcs dans les ſaignes.

XX.

Tours,Oriés,Blois, Angers,Reims,& Nátes
Citez vexecs par ſubit changement.
Par langues eſtranges ſeront tenduës tentés,
Fleuues, dards Renes terre & mer tremblemét

XXI.

Profonde argillé blanche nourrit rocher,
Qui d'vn abyſme iſtra lacticineuſe,
En vain troublez ne l'oſeront toucher,
Ignorant eſtre au fond terre argilleuſe.

XXII.

Ce que viura & n'ayant aucun ſens,
Viendront laiſſer à mort ſon artifice:
Autun,Chalon,Langres,& les deux Sens,
La greſle & glace fera grand malefice.

XXIII.

Au mois troisiesme se leuant le Soleil,
Sanglier Leopart,au champ Mars pour côbatre
Leopart lassé au ciel estend son œil,
Vn Aigle autour du Soleil voit s'esbatre.

XXIV.

A cité neufue pensif pour condamner,
L'oisel de proye au ciel se vient offrir:
Apres victoire à captif pardonner,
Cremone & Mâtoue grads maux aura souffert.

XXV.

Perdu trouué caché de si long siecle,
Sera pasteur demy Dieu honnoré:
Ains que la Lune acheue son grand siecle,
Par autres vents sera deshonnoré.

XXVI.

Le grand du foudre tombe d'heure diurne,
Mal,& predict par porteur postulaire:
Suiuant presage tombe de l'heure nocturne,
Conflict Reims,Londres, Ettrusque pestifere.

XXVII.

Dessouz le chaine Guien du ciel frappé,
Non loing de là est caché le thresor:
Qui par longs siecles auoit esté grappé,
Trouué mourra,l'œil creué de ressort.

XXVIII.

La tour de Boucq craindra fuste Barbare,
Vn temps,long temps apres barque hesperique:
Bestail, gés,meubles,tous deux ferôt grâd tare,
Taurus,& Libra, quelle mortelle picque?

Quand

XXIX.

Quand le poisson terrestre & aquatique
Par force vague au grauier sera mis,
Sa forme estrange suaue & horrifique,
Par mer aux meurs bien tost les ennemis.

XXX.

La nef estrange par le tourment marin,
Abordera pres de port incogneu:
Nonobstant signes de rameau palmerin,
Apres mort pille bon aduis tard venu.

XXXI.

Tant d'ans en Gaule les guerres dureront,
Outre la course du Castulon monarque:
Victoire incerte trois grands couronneront,
Aigle, Coq, Lune, Lyon, Soleil en marque.

XXXII.

Le grand Empire sera tost translaté
En lieu petit, qui bien tost viendra croistre;
Lieu bien infime d'exigue conté,
Où au milieu viendra poser son sceptre.

XXXIII.

Pres d'vn grand pont de plaine spatieuse,
Le grand Lyon par forces Cesarees,
Fera abbatre hors cité rigoureuse,
Par effroy portes luy seront reserrees.

XXXIV.

L'oyseau de proye volant à la senestre,
Auant conflict faict aux François pareure:
L'vn bon prendra, l'vn ambigue sinistre,
La partie foible tiendra par son augure.

Le

XXXV.

Le lyon ieune le vieux surmontera,
En champ bellique par singulier duelle:
Dans cage d'or les yeux luy creuera,
Deux classes vne, puis mourir, mort cruelle.

XXXVI.

Tard le monarque se viendra repentir,
De n'auoir mis à mort son aduersaire:
Mais viendra bien à plus haut consentir,
Que tout son sang par mort fera deffaire.

XXXVII.

Vn peu deuant que le Soleil s'absconde,
Conflict donné, grand peuple dubiteux:
Profligez, port marin ne faict responce,
Pont & sepulchre en deux estranges lieux.

XXXVIII.

Le Sol & l'Aigle au victeur paroistront,
Responce vaine au vaincu l'on asseure:
Par cor ne crys harnois n'arresteront,
Vindicte paix par mors si acheue à l'heure.

XXXIX.

De nuict dans lict le supresme estranglé,
Pour trop auoir seiourné blond esleu:
Par trois l'Empire subrogé exanclé,
A mort mettra carte, & pacquet ne leu.

XL.

La trompe fausse dissimulant folie,
Fera Bisance vn changement de loix,
Histra d'Egypte, qui veut que lon desfie
Edict changeant monnoyes & aloys.

Siege

XLI.

Siege en cité est de nuict assaillie,
Peu eschappé, non loin de mer conflict:
Femme de ioye, retours fils defaillie,
Poison & lettres cachées dans le plic.

XLII.

Ledix Calende d'Auril de faict Gotique,
Resuscité encor par gens malins:
Le feu estainct, assemblee diabolique,
Cerchant les os du d'Amant & Pselin.

XLIII.

Auāt qu'aduienne le changément d'Empire,
Il aduiendra vn cas bien merueilleux:
Le camp mué, le pillier de porphire,
Mis, transmué sus le rocher noilleux.

XLIV.

En bref seront de retour sacrifices,
Contreuenans seront mis à martyre:
Plus ne seront moines, abbez, ne nouices,
Le miel sera beaucoup plus cher que cire.

XLV.

Secteur de sectes grand peine au delateur,
Beste en theatre dreilé le ieu scenique,
Du faict antique ennobly l'inuenteur,
Par sectes monde confus & schismatiques.

XLVI.

Tout apres d'Aux de Lestore & Mirande
Grand feu du ciel en trois nuicts tombera:
Cause aduiendra bien stupende & mirande,
Bien peu apres la terre tremblera.

                                        Du

XLVII.

Du lac Leman les sermons fascheront,
Des iours seront reduits par des sepmaines,
Puis moys.puis an,puis tous failliront,
Les Magistrats damneront leurs loix vaines.

XLVIII.

Vingt ans du regne de la Lune passez,
Sept mil ans autre tiendra sa monarchie:
Quand le Soleil prendra ses iours lassez:
Lors accomplit & mine ma prophetie.

XLIX.

Beaucoup auant telles menees,
Ceux d'Orient par la vertu lunaire:
L'an mil sept cens feront grands emmenees,
Subiungant presque le coing Aquilonaire.

L.

De l'aquatique triplicité naistra,
D'vn qui fera le Ieudy pour sa feste:
Son bruit,loz,regne,sa puissance croistra,
Par terre & mer aux Oriens tempeste.

LI.

Chef d'Aries,Iupiter, & Saturne,
Dieu eternel quelles mutations?
Puis par long siecle son maling temps retourne
Gaule & Italie,quelles esmotions?

LII.

Les deux malins de Scorpion conioinct,
Le grand seigneur meurdry dedans sa salle:
Peste à l'Eglise par le nouueau Roy ioinct,
L'Europe basse & Septentrionale.

Las,

LIII.

Las!qu'on verra grand peuple tourmenté,
Et la Loy saincte & totale ruine,
Par autres loix toute la Chrestienté,
Quand d'or d'argent trouue nouuelle mine.

LIV.

Deux reuolts faicts du maling falcigere,
De regne & siecles faict permutation:
Le mobil signe à son endroit si ingere,
Aux deux esgaux & d'inclination.

LV.

Soubs l'opposite climat Babilonique,
Grande sera de sang effusion,
Que terre & mer, air, ciel sera inique,
Sectes, faim, regnes pestes, confusion.

LVI.

Vous verrez tost & tard faire grand change,
Horreurs extremes & vindications:
Que si la Lune conduite par son ange,
Le ciel s'approche des inclinations.

LVII.

Par grand discord la terre tremblera,
Accord rompu dressant la teste au ciel,
Bouche sanglante dans le sang nagera,
Au sol la face ointe de laict & miel.

LVIII.

Tranché le ventre naistra auec deux testes,
Et quatre bras:quelques ans entiers viura,
Iour qui Alquiloye celebrera ses festes,
Fossen, Turin, chef Ferrare suiura.

Les

LIX.

Les exilez deportez dans les isles,
Au changement d'vn plus cruel monarque
Seront meurtris, & mis deux les scintiles,
Qui de parler ne seront estez parques.

LX.

Vn Empereur naistra pres d'Italie,
Qui à l'Empire sera vendu bien cher:
Diront auec quels gens il se ralie,
Qu'on trouuera moins prince que boucher.

LXI.

La republique miserable infelice!
Sera vastée du nouueau magistrat:
Leur grand amas de l'exil malefice
Fera Sueue rauir leur grand contract.

LXII.

La grande perte, las! que feront les lettres,
Auant le ciel de Lat on a parfaict:
Feu grand deluge plus par ignares sceptres,
Que de long siecle ne se verra refaict.

LXIII.

Les fleurs passees diminue le monde,
Long temps la paix terres inhabitees:
Seur marchera par ciel, terre, mer & onde,
Puis de nouueau les guerres suscitees.

LXIV.

De nuict Soleil penseront auoir veu,
Quand le pourceau demy homme on verra:
Bruit, chant, bataille au ciel batre apperceu,
Et bestes brutes à parler lon orra.

C

LXV.

Enfant sans mains iamais veu si grãd foudre,
L'enfant Royal au ieu d'œsteuf blessé,
Au puy brises fulgures allant moudre,
Trois sous les chaines par le millieu trouffé.

LXVI.

Celuy qui lors portera les nouuelles
Apres vn peu il viendra respirer,
Viuiers, Tournon, Montferrant & Pradelles,
Greffe & tempeste le fera fouspirer.

LXVII.

La grand famine que ie fens approcher,
Souuent tourner, puis estre vniuerfelle,
Si grande & longue qu'on viendra arracher
Du bois racine, & l'enfant de mammelle.

LXVIII.

O quel horrible & mal-heureux tourmēt,
Trois innocens qu'on viendra à liurer
Poifon fufpecte, mal gardé tardiment,
Mis en horreur par boureaux enyurez.

LXIX.

La grand montagne ronde de fept ftades,
Apres paix, guerre, faim, inõdation,
Roulera loin abifmant grands contrades,
Mefmes antiques, & grand fondation.

LXX.

Pluye, faim, guerre en Perfe non ceffé,
La foy trop grãd trahira le monarque,
Par la finie en Gaule commencee,
Secret auguré pour à vn eftré parque.

LXXXI.

La tour marine trois fois prise & reprise,
Par Espagnois, Barbares, Ligurains:
Marseille & Aix, Arles par ceux de Pise,
Vast, feu, fer pillé Auignon des Thurins.

LXXXII.

Du tout Marseille des habitans changée,
Course & poursuite iusqu'au pres de Lyon,
Narbon, Tholouse par Bourdeaux outragée,
Tuez captifs presque d'vn milion.

LXXXIII.

France à cinq pars par neglect assaillie,
Tunys, Argal esmeuz par Persiens:
Leon, Seuille, Barcellonne saillie,
N'aura la classe par les Venitiens.

LXXXIV.

Apres seiourné vagueront en Epire,
Le grand secours viendra vers Anthioche.
Le noir poil crespe rendra fort à l'Empire,
Barbe d'ærain se rostira en broche.

LXXV.

Le tyran Sienne occupera Sauonne,
Le fort gaigné tiendra classe marine,
Les deux armees par la marque d'Anconne,
Par effrayeur le chefs'en examine.

LXXVI.

D'vn nom farouche tel proferé sera,
Que les trois sœurs auront fato le nom:
Puis grand peuple par langue & faict dira
Plus que nul autre aura bruit & renom.

C

LXXVII.

Entre deux mers dreſſera promontoire,
Que puis mourra par lé mors du cheual:
Le ſien Neptune pliera voile noire,
Par Calpre & claſſe aupres de Rocheual.

LXXVIII.

D'vn chef vieillard naiſtra ſens hebeté,
Degenerant par ſçauoir & par armes:
Le chef de Frãce par ſa ſœur redouté,
Champs diuiſez, concedez aux gendarmes.

LXXIX.

Bazaz, Leſlote, Condon, Auſch, Agine,
Eſmeuts par loix, querelle & monopole:
Car Bourd, Tholouſe, Bay mettra en ruſne:
Renouueller voulant leur tauropole.

LXXX.

De la ſixieſme claire ſplendeur celeſte,
Viendra tonner ſi fort en la Bourgongne:
Puis naiſtra monſtre de tres-hideuſe beſte.
Mars, Auril, May, Iuin, grãd charpin & rongne:

LXXXI.

D'humain troupeau neuf ſeront mis à part,
De iugement & conſeil ſeparez:
Leur ſort ſera diuiſé en depart,
Kappa, Thita, Lambda mors bannis eſgarez.

LXXXII.

Quand les colonnes de bois grande treblee,
D'Auſter conduire, couuerte de rubriche:
Tant vuidera dehors grande aſſemblee,
Trembler Vienne & le pays d'Auſtriche.

LXXXIII.

La gent estrange diuisera butins,
Saturne en Mars son regard furieux,
Horrible estrange aux Toscans & Latins,
Grecs qui seront à frapper curieux.

LXXXIV.

Lune obscurcie aux profondes tenebres,
Son frere passe de couleur ferrugine,
Le grand caché long temps sous les tenebres,
Tiedera fer dans la playe sanguine.

LXXXV.

Par la response de dame Roy troublé,
Ambassadeurs mespriseront leur vie,
Le grand ses freres contrefera doublé,
Par deux mourront ire, haine & enuie.

LXXXVI.

La grande Royne quand se verra vaincue,
Fera excez de masculin courage,
Sur cheual, fleuue passera toute nue,
Suite par fer à soy fera outrage.

LXXXVII.

Ennosigée feu du centre de terre,
Fera trembler autour de cité neuue,
Deux grāds rochers long tēps feront la guerre,
Puis Arethuse rougira nouueau fleuue.

LXXXVIII.

Le diuin mal surprendra le grand Prince,
Vn peu deuant aura femme espousée,
Son appuy & credit à vn coup viendra mince,
Conseil mourra pour la teste rasée.

C 3

LXXXIX.

Tous ceux de Iler ne seront dans la Moselle,
Mettant à mort tous ceux de Loire & Seine:
Le cours marin viendra prés d'haute velle,
Quand l'Espagnol ouurira toute veihe.

X C.

Bourdeaux, Poitiers au son de la campagne,
A grande claffe ira iufqu'à l'Angon,
Contre Gaulois fera leur tramontane,
Quand monftre hideux naiftra apres d'Orgon.

X C I.

Les Dieux feront aux humains apparence,
Ce qu'ils feront aftheurs de grand conflict:
Auant ciel veu ferain efpee & lance,
Que vers main gauche fera plus grand afflict.

X C I I.

Sous vn la paix par tout ferà clamee,
Mais non long temps, pillé, & rebellion,
Par refus ville, terre & mer entàmee,
Morts & captifs le tiers d'vn million.

X C I I I.

Terre Italique pres monts tremblera,
Lyon & Coq non trop confederez,
En lieu de peur l'vn l'autre s'aidera,
Seul Catulon & Celtes moderez.

X C I V.

Au port Selin le tyran mis à mort,
La liberté non pourtant recouurce:
Le nouueau Mars par vindicte & remort,
Dame par force de frayeur honnoree.

Deuant

XCV.

Deuant mouſtier trouué enfant beſſon,
D'heroic ſang de moine & vetuſtique:
Son bruit par ſecte langue & puiſſance ſon,
Qu'on dira fort eſleué le vopiſque.

CXVI.

Celuy qu'aura la charge de deſtruire
Temples, & ſectes, changez par fantaſie:
Plus au rochers qu'aux viuans viendra nuire,
Par langue ornée d'oreilles raſſaſie.

XCII.

Ce que fer, flamme n'a ſçeu parachetter,
La douce langue au conſeil viendra faire:
Par repos, ſonge, le Roy fera reſuer,
Plus l'ennemy en feu, ſang militaire.

XCVIII.

Le chef qu'aura conduit peuple infiny
Loing de ſon ciel, de mœurs & langue eſtrãge
Cinq mil en Crete & Theſſalie finy,
Le chef fuyant ſauué en marine grange.

XCIX.

Le grand monarque que fera compagnie
Auec deux Roys vnis par amitié,
O quel ſouſpir fera la grand meſgnie,
Enfans Narbon à l'entour quel pitié.

C.

Long temps au ciel ſera veu gris oyſeau,
Aupres de Dole & de Toſcane terre,
Tenant au bec vn verdoyant rãſeau,
Mourra toſt grand & finera la guerre.

C 4

PROPHETIES
DE MAISTRE
Noſtradamus.

CENTVRIE II.

VERs Aquitanie par inſuls Britanniques
De par eux-meſmes grandes incurſions I
Pluyes gelees feront terroirs iniques,
Port Selyn fortes fera inuaſions.

II.

La teſte bleue fera la teſte blanche
Autant de mal, que France a faict leur bien:
Mort à l'anthene, grand pendu ſus la branche,
Quand prins des ſiens le Roy. dira combien.

III.

Pour la chaleur ſolitaire ſus la mer,
De Negrepont les poiſſons demy cuits:
Les habitans viendront entamer,
Quand Rhod & Gennes leur faudra le biſcuit,

IV.

Depuis Monach iuſqu'auprés de Sicille,
Toute la plage demourra deſolee:
Il n'y aura faux bourgs, cité, ne ville,
Que par Barbares priſe ſoit & vollée.

Qu'en

V.

Qu'en dans poiſſon, fer & lettre enfermée,
Hors ſortira, qui puis fera la guerre,
Aura par mer ſa claſſe bien ranſée,
Apparoiſſant pres de Latine terre.

VI.

Aupres des portes & dedans deux citez,
Seront deux fleaux, & onc n'apperçeut vn tel,
Faim, dedans peſte, de fer hors gens boutez,
Crier ſecours au grand Dieu immortel.

VII.

Entre pluſieurs aux iſles deportez,
L'vn eſtre nay à deux dents en la gorge
Mourront de faim les arbres eſbrotez,
Pour eux neuf Roy, noūuel edict leur forge.

VIII.

Temples ſacrez prime façon Romaine,
Reietteront les goffres fondements,
Prenans leur loix premieres & humaines,
Chaſſant non tout des ſaincts les cultements.

IX.

Neuf ans le regne le maigre en paix tiendra,
Puis il cherra en ſoif ſi ſanguinaire,
Pour luy peuple ſans foy & loy mourra
Tué vn beaucoup plus debonnaire.

X.

Auant long temps le tout ſera rangé,
Nous eſperons vn ſiecle bien ſeneſtre,
L'eſtat des maſques & des ſeuls bien changé,
Peu trouueront qu'à ſon rang vueille eſtre.

C ſ

XI.

Le prochain fils de l'aifnier paruiendra
Tant efleué iufqu'au regne des fors,
Son afpre gloire vn chacun craindra,
Mais fes enfans du regne iettez hors.

XII.

Yeux clos ouuerts d'antique fantafie,
L'habit des feuls feront mis à neant:
Le grand monarque chaftiera leur frenaifie,
Rauir des temples le threfor par deuant.

XIII.

Le corps fans ame plus n'eftre en facrifice,
Iour de la mort mis en natiuité:
L'efprit diuin fera l'ame felice,
Voyant le verbe en fon eternité.

XIV.

A Tours, Gien, gardé feront yeux penetrans,
Defcouuriront de loing la grand fereine,
Elle & fa fuitte au port feront entrans,
Combat, pouffez, puiffance fouueraine.

XV.

Vn peu deuant monarque trucidé,
Caftor, Pollux en nef, aftre crinite:
L'erain public par terre & mer vuidé,
Pife, Aft, Ferrare, Turin, terre interdicte.

XVI.

Naples, Palerne, Sicile Syracufes,
Nouueaux tyrans, fulgures, feux celeftes:
Force de Londres, Gand, Bruxelles, & Sufes,
Grand hecatombe, triomphe faire feftes.

Le

XVII.

Le champ du temple de la vierge veſtale,
Non eſloigné d'Ethine & monts Pyrenées:
Le grand conduit eſt caché dans la male,
North gettez fleuues & vignes maſtinées.

XVIII.

Nouelle & pluye ſubite,impetueuſe,
Empeſchera à ſubit deux exercices
Pierre,ciél,feux faire la mer pierreuſe,
La mert de ſept terre & marin ſubites.

XIX.

Noueaux venus lieu baſty ſans defence,
Occuper la place par lors inhabitable:
Prez,maiſons,chaps,villes,prendre à plaiſance,
Faim, peſte,guerre arpen long labourage.

XX.

Freres & ſœurs en diuers lieux captifs,
Se trouueront paſſer pres du monarque:
Les contempler ſes rameaux enteptifs,
Deſplaiſant voir menton,frõt,nez,lés marques.

XXI.

L'ambaſſadeur enuoyé par biremes,
Amy chemin d'incogneus repouſſez:
De ſel renfort viendront quatré triremes,
Cordes & chaines en Negre pont trouſſez.

XXII.

Le camp Aſcop d'Europe partira,
S'adioighant proche de l'Iſle ſubmergee:
D'Aaron claſſe phalange pliera,
Nombril du monde plus grand voix ſubrogee.

alais

XXIII.

Palais, oyſeaux, par oyſeau dechaſsé,
Bien toſt apres le prince paruenu:
Combien qu'hors fleuue ennemy repouſsé,
Dehors ſaiſir trait d'oyſeau ſouſtenu.

XXIV.

Beſtes farouches de faim fleuues tranner,
Plus part du champ encontre Hiſter ſera,
En cage de fer le grand ſera treiſner,
Quand rien enfant de Germain obſeruera.

XXV.

La garde eſtrangé trahira fortereſſe,
Eſpoir & vmbre de plus haut mariage:
Garde deçeu, fort prinſe dans la preſſe,
Loyre, Saóne, Roſne, Gar, à mort outrage.

XXVI.

Pour ſa faueur que la cité fera,
Au grand qui toſt perdra camp de bataille,
Puis le rang Pau Theſin verſera,
De ſang, feux morts yeux de coup de taille.

XXVII.

Le diuin verbe ſera du ciel frappé,
Qui ne pourra proceder plus auant:
Du reſeruant le ſecret eſtouppé,
Qu'on marchera par deſſus & deuant.

XXVIII.

Le penultieſme du ſurnom du Prophete,
Prendra Diane pour ſon iour & repos:
Loing vaguera par frenetique teſte,
Et deliurant vn grand peuple d'impoſts.

L'Orien

XXIX.

L'Oriental fortira de fon fiege,
Paffer les monts Apennons voir la Gaule:
Tranfpercera fe ciel, les eaux & noige,
Et vn chacun frappera de fa gaule.

XXX.

Vn qui les dieux d'Annibal infernaux,
Fera renaiftré, effrayeur des humains,
Onoq'plus d'hôrreur ne plus dire iournaux,
Qu'auint viendra par Babel aux Romains.

XXXI.

En Campanie le Caffi en fera tant,
Qu'on ne verra d'aux les champs couuers:
Deuant après la pluye de long temps,
Hors mis les arbres rien l'on verra de vert.

XXXII.

Laict fang, grehoilles éfçoudre en Dalmatie,
Conflict donné prefte pres de Balennes
Cry fera grand par toute Efclauonie,
Lors naiftra monftre pres & dedans Rauenne.

XXXIII.

Par le torrent qui defcent de Veronne,
Pars lors qu'au Pau guidera fon entrée.
Vn grand naufrage, & non moins en Garonne,
Quand ceux de Génes marcheront leur côtrée.

XXXIV.

L'ire infenfee du combat furieux,
Fera à table par freres le fer luite:
Les defparit bleffé, & curieux,
Le fier duelle viendra en France nuire.

Dans

XXXV.

Dans deux logis de nuict le feu prendra,
Plusieurs dedans estoffez & rostis.
Pres de deux fleuues pour seul il aduiendra:
Sol, l'Arq, & Caper tous seront amortis.

XXXVI.

Du grand Prophete les lettres seront prinses,
Entre les mains du tyran deuiendront:
Frauder son Roy seront ses entreprinses,
Mais ses rapines bien tost le troubleront.

XXXVII.

De ce grand nombre que l'on enuoyera,
Pour secourir dans le fort assiegez,
Peste & famine tous les deuorera,
Hors mis septante, qui seront profligez.

XXXVIII.

Des condamnez sera faict vn grand nombre,
Quand les monarques seront conciliez:
Mais l'vn d'eux viendra si malencombre,
Que guerre ensemble ne seront raliez.

XXXIX.

Vn deuant le conflict Italique,
Germains, Gaulois, Espaignols pour le fort:
Cherra l'escolle maison de republique,
Où, hors mis peu, seront suffoqué morts.

XL.

Vn peu apres non point longue interualle,
Par mer & terre sera faict grand tumulte:
Beaucoup plus grande sera pugne nauale,
Feux, animaux, qui plus seront d'insulte.

XLI.

La grand'estoille par sept iours bruslera,
Nuee fera deux soleils apparoit:
Le gros mastin toute nuict hurlera,
Quand grand pontife changera de terroir.

XLII.

Coq,chiens & chats de sang seront repeus,
Et de la playe du tyran trouué mort,
Au lict d'vn autre iambes & bras rompus,
Qui n'auoit peu mourir de cruelle mort.

XLIII.

Durant l'estoille cheuelue apparente,
Les trois grands princes seront faits ennemis:
Frappez du ciel paix terre tremulente,
Pau,Timbre vndans,serpent sur le bort mis.

XLIV.

L'Aigle poussee en tout de pauillons,
Par autres oyseaux d'entour sera chassee:
Quand bruit des cymbres tube & sonnaillons
Rendront le sens de la dame insensee.

XLV.

Trop du ciel pleure l'Androgin procree,
Pres du ciel sang humain respandu:
Par mort trop tard grand peuple recree,
Tard & tost vient le secours attendu.

XLVI.

Apres grad troche humain plus grad s'appreste
Le grand moteur les siecles renouuelle:
Pluye, sang,laict,famine,fer & peste,
Au ciel veu feu,courant longue estincelle.

L'en

XLVII.

L'ennemy grãd vieil dueil meurt de poiſon,
Les ſouuerains par infinis ſubiuguez:
Pierres plouuoir,cachez ſoubs la toiſon,
Par mort articles en vain ſont alleguez.

XLVIII.

La grand copie qui paſſera les monts:
Saturne en l'Arq tournant du poiſſon Mars:
Venins cachez ſoubs teſtes de ſaumons,
Leur chef pendu à fil de polemars.

XLIX.

Les conſeilliers du premier monopole,
Les conquerants ſeduits par le Melite,
Rode, Biſance pour leurs expoſant pole:
Terre faudra les pourſuluans de ſuite.

LI.

Quãd ceux d'Hainault,de Gãd & de Bruxelles,
Verront à Langres le ſiege deuant mis:
Derrier leurs flancs ſeront guerres cruelles
La playe antique fera pis qu'ennemis.

LI.

Le ſang du iuſte à Londres ſera faute,
Bruſlez par foudres de vingt trois les ſix:
La dame antique cherra de place haute,
De meſme ſecte pluſieurs ſeront occis.

LII.

Dans pluſieurs nuits la terre tremblera:
Sur le printemps deux effors ſuite:
Corinthe,Epheſe aux deux mers nagera,
Guerre s'eſmeut par deux vaillans de luite.

La

LIII.

La grande peste de cité maritime,
Ne cessera que mort ne soit vengee
Du iuste sang par pris damné sans crime,
De la grand dame par feincte n'outragee.

LIV.

Pour gét estrâge,& des Romains loingtaine,
Leur grand cité apres eau fort troublee:
Fille sans trop different domaine,
Prins chef ferreure n'auoir esté riblee.

LV.

Dans le conflict le grand qui peu valloit
A son dernier fera cas merueilleux:
Pendant qu'Hadrie verra ce qu'il falloit,
Dans le banquet pongnale l'orgueilleux.

LVI.

Que peste & glaiue n'a sçeu definer,
Mort dans le puys sommet du ciel frappé:
L'abbé mourra quand verra ruiner,
Ceux du naufrage l'escueil voulant grapper.

LVII.

Auant conflict le grand tombera,
Le grand à mort,mort,trop subite & plainte,
Nay mi parfaict:la plus part nagera,
Aupres du fleuue de sang la terre teinte.

LVIII.

Sans pied ne main dendaygué & forte,
Par glob au fort de port & layné nay:
Pres du portail desloyal transport,
Si l'ene luit,petit,grand emmené.

D.

LIX.

Claſſe Gauloyſe par appuy de grand garde
Du grand Neptune,& ſes tridents ſouldars,
Rongee Prouence pour ſouſtenir grand bande
Plus Mars Narbon,par iauelots & dards.

LX.

La foy Punicque en Orient rompue,
Grand Iud, & Roſne Loyre & Tag changerôt;
Quand du mulet la faim ſera repue,
Claſſe eſpargie,ſang & corps nagerônt.

LXI.

Enge,Tamins,Gironde,& la Rochelle,
O ſang Troyen mort au port de la fleche
Derrier le fleuue au fort miſe l'eſchelle,
Pointes feu grand meurtre ſus la breſche.

LXII.

Mabus pluſtoſt alors mourra,viendra,
De gens & beſtes vn horrible defaite:
Puis tout à coup la vengeance on verra,
Cent,main,faim,quand courra la comete.

LXIII.

Gaulois,Auſone bien peu ſubiugera,
Pan,Marne,& Seine fera Perme l'vrie:
Qui le grand mur contre eux dreſſera,
Du moindre au mur le grand perdra la vie.

LXIV.

Secher de faim,ſoif,gent Gencuoiſe,
Eſpoir prochain viendra au defaillir:
Sur point tremblant ſera loy Gebenoiſe,
Claſſe au grand port ne ſe peut accueillir.

Le

LXV.

Le pare enclin grande calamité,
Par l'Hesperie & Insubre fera:
Le feu en nef peste & captiuité,
Mercure en l'Arc Saturne fenera.

LXVI.

Par grands dangers le captif eschappé,
Peu de temps grand a fortune changee:
Dans le palais le peuple est attrappé,
Par bon augure la cité assiegee.

LXVII.

La blonde au nez forcé viendra commettre,
Par la duelle & chassera dehors:
Les exilez dedans fera remettre,
Aux lieux marins commettant les plus fors.

LXVIII.

De l'Aquilon les efforts seront grands:
Sur l'Ocean sera la porte ouuerte,
Le regne en l'Isle sera reintegrand,
Tremblera Londres par voille descouuerte.

LXIX.

Le Roy Gaulois par la Celtique dextre,
Voyant discorde de la grand Monarchie:
Sur les trois parts fera florir son sceptre,
Contre la chappe de la grand Hierarchie.

LXX.

Le dard du ciel fera son estandue,
Morts en parlant grande execution:
La pierre en l'arbre la fiere gent rendue,
Bruit humain monstre purge & expiation.

D 2

LXXI.

Les exilez en Sicile viendront,
Pour deliure de faim la gent estrange:
Au point du iour les Celtes luy faudront
La vie demeure à raison:Roy se range.

LXXII.

Armee Celtique en Italie vexee,
De toutes pars conflict & grande perte:
Romains fuis, ô Gaule repoussee,
Pres du Thesin, Rubicon pugne incette.

LXXIII.

Au lac Fucin de Benac le riuage,
Prins de Leman au port de l'Orgion:
Nay de trois bras predict bellique image,
Par trois couronnes au grand Endymion.

LXXIV.

De Sens, d'Autun viendrôt iusques au Rosne,
Pour passer outre vers les mons Pyrenees:
La gent sortit de la marque d'Anconne,
Par terre & mer suyura à grands trainees.

LXXV.

La voix ouye de l'insolit oyseau,
Sur le canon du respiral estage:
Si haut viendra du froment le boisteau,
Que l'homme d'homme sera Antropophage:

LXXVI.

Foudre en Bourgongne sera cas portenteur,
Que par engin oncques ne pourroit faire,
De leur senat sacristé fait boiteux,
Fera sçauoir aux ennemis l'affaire.

Par

LXXVII.

Par arcs, feux, poix & par feux repoulsés,
Cris, hurlemens sur la minuict ouys:
Dedans sont mis par les rampars cassés,
Par cunicules les traditeurs fuys.

LXXVIII.

Le grand Neptune du profond de la mer,
De gent Punique & sang Gaulois meslé:
Les Isles à sang pour le tardif ramet,
Puis luy nuira que l'occult mal celé.

LXXIX.

La barbe crespe & noire par engin,
Subiuguera la gent cruelle & fiere:
Le grand Chiren ostera du longin,
Tous les captifs par Seline baniere.

LXXX.

Apres conflict du lesé l'eloquence,
Par peu de temps se trame faint repos,
Point l'on n'admet les grands à deliurance,
Des ennemis sont remis à propos.

LXXXI.

Par feu du ciel la cité presque aduste,
L'vne menace encor Deucallon,
Vexee Sardaigne par la Punique fuste,
Apres que Libra lairra son Phaëton.

LXXXII.

Par faim la proye fera loup prisonnier,
L'assaillant lors en extreme destresse,
Le hay ayant au deuant le dernier,
Le grand n'eschappe au milieu de la presse.

LXXXIII.

Le gros traffic d'vn grand Lyon changé,
La plus part tourne en priſtine ruine,
Proye aux ſoldats parpille vendangé:
Par Iura mont & Sueue bruine.

LXXXIV.

Entre Campaigne,Sienne,Flora,Tuſtie,
Six mois neuf iours ne pleuura vne goutte:
L'eſtrange langue en terre Dalmatie,
Couurira ſus, vaſtant la terre toute.

LXXXV.

Le vieux plein barbe ſous le ſtatut ſeuere,
A Lyon faict deſſus l'Aigle Celtique:
Le petit grand trop outre perſeuere,
Bruict d'arme au ciel:mer rouge Liguſtique.

LXXXVI.

Naufrage à claſſe pres d'onde Hadriatique,
La terre tremble eſmeuë ſus l'air en terre mis:
Egypte tremble augment Mahometique,
L'Heraut ſoy rendre à crier eſt commis.

LXXXVII.

Apres viendra des extremes contrees,
Prince Germain,deſſus le throſne doré:
La ſeruitude & eaux rencontrees,
La dame ſerue, ſon temps plus n'adoré.

LXXXVIII.

Le circuit du grand faict ruineux,
Le nom ſeptieſme du cinquieſme ſera:
D'vn tiers plus grand l'eſtrange belliqueur:
Mouton,Lutece,Aix ne garantira.

Vn

LXXXIX.

Vn iour serõt demis les deux grãds maistres,
Leur grand pouuoir se verra augmenté:
La terre neuue sera en ses hauts estres,
Au sanguinaire le nombre racompté.

XC.

Par vie & mort changé regne d'Ongrie,
La loy sera plus aspre que seruice.
Leur grand cité d'hurlemens plaincts & crie,
Castor & Pollux ennemis dans la lice.

XCI.

Soleil leuant vn grand feu l'on verra,
Bruit & clarté vers Aquilon tendants:
Dedans le rond mort & cris l'on orra,
Par glaiue, feu, faim, mort les attendants.

XCII.

Feu couleur d'or du ciel en terre veu,
Frappé du haut nay, faict cas merueilleux,
Grand meurtre humain: prinse du grand neueu,
Morts d'espactacles eschappé l'orgueilleux.

XCIII.

Biens pres du Tymbre presse la Lybitine,
Vn peu deuant grand inondation:
Le chef du nef prins, mis à la sentine,
Chasteau, palais en conflagration.

XCIV.

Grand Paud, grãd mal pour Gaulois receura,
Vaine terreur au maritin Lyon:
Peuple infiny par la mer passera,
Sans eschapper vn quatt d'vn million.

D 4

XCV.

Les lieux peuplez seront inhabitables,
Pour champs auoir grande diuision:
Regnes liurez à prudents incapables,
Lors les grands freres mort & dissention.

XCVI.

Flambeau ardant au ciel soir sera veu,
Pres de la fin & principe du Rosne,
Famine,glaiue:tardue secours pourueu:
Là Perse tourne enuahir Macedoine.

XCVII.

Romain Pontife garde de t'approcher,
De la cité que deux fleuues arrouse,
Ton sang viendra aupres de la cracher,
Toy & les tiens quand fleurira la rose.

XCVIII.

Celuy de sang reperse le visage,
De la victime proche sacrifiee,
Tonant en Leo, augure par presage,
Mis estre à mort lors pour la fiancee.

XCIX,

Terroir Romain qu'interpretoit augure,
Par gent Gauloise par trop sera vexee:
Mais nation Celtique craindra l'heure,
Boreas, classe trop loing l'auoit poussee.

C.

Dedans les isles si horrible tumulte,
Bien on n'orra qu'vne bellique brigue,
Tant grand sera des predateurs l'insulte,
Qu'on te viendra ranger à la grand ligue.

PRO

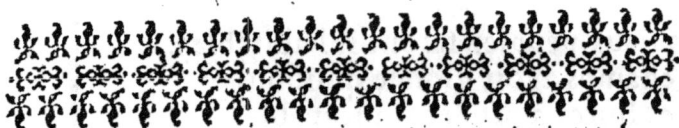

PROPHETIES
DE MAISTRE
Noſtradamus.

CENTVRIE III.

Apres combat & bataille nauale,
Le grand Neptune à ſon plus haut beſroy:
Rouge aduerſaire de peur viendra paſle,
Mettant le grand Occean en eſtroy.

II.

Le diuin Verbe donra à la ſubſtançe,
Côprins ciel, terre, or occult au laict myſtique:
Corps, ame, eſprit ayant toute puiſſançe,
Tant ſoubs ſes pieds comme au ſiege Celique.

III.

Mars & Mercure, & l'argent ioint enſemble,
Vers le midy extreme ſiccité:
Au fond d'Aſie on dira terre tremble,
Corinthe, Epheſe lors en perplexité.

IV.

Quand ſeront proches le defaut des lunaires,
De l'vn à l'autre ne diſtant grandement,
Froid, ſiccité, danger vers les frontieres,
Meſme où l'oracle a prins commencement.

D 5

V.

Pres loing defaut de deux grands luminaires,
Qui suruiendra entre l'Auril & Mars:
O quel cherté!mais deux grands debonuaires
Par terre & mer secourront toutes pars.

V I.

Dans temple clos le foudre y entrera,
Les citadins dedans leur fort greuez:
Cheuaux,bœufs,hommes,l'onde mur touchera,
Par faim,soif,soubs les plus foibles armez.

V I I.

Les fugitifs,feu du ciel sus les picques,
Conflict prochain des corbeaux,s'esbatans
De terre on crie ayde,secours celiques,
Quand prés des murs seront les combatans.

V I I I.

Les Cimbres ioints auecques leurs voisins,
De populer viendront presque l'Espagne:
Gens amassez Guienne & Limosins
Seront en ligue,& leur seront compagne.

I X.

Bourdeaux,Roüan,& la Rochelle ioints,
Tiendront autour la grand mer Oceane,
Anglois,Bretons,& les Flamans conioints,
Les chasseront iusqu'auprés de Roüane.

X.

De sang & faim plus grand calamité,
Sept fois s'appreste à la marine plage:
Monech de faim,lieu pris,captiuité,
Le grand,mené croc en ferrée cage.

Les

XI.

Les armés batre au ciel longue saison
L'arbre au milieu de la cité tombé:
Verbine rogné glaiue, en face tison,
Lors le monarque d'Hadrie succombé.

XII.

Par la tumeur de Heb, Pó, Timbre, & Rome
Et par l'estang Leman & Aretin,
Les deux grands chefs & citez de Garonne,
Prins, morts noyez: Partir humain butin.

XIII.

Par foudre en l'arché or & argent fondu,
De deux captifs l'vn l'autre mangera
De la cité le plus grand estendu,
Quand submergee la classe nagera.

XIV.

Par le rameau du vaillant personnage,
De France infime, par le pere infelice:
Honneurs, richesses: trauail en son vieil aage,
Pour auoir creu le conseil d'homme nice.

XV.

Cœur, vigueur, gloire le regne changera:
De tous points contre ayant son aduersaire:
Lors France enfance par mort subiuguera,
Vn grand Regent sera lors plus contraire.

XVI.

Vn prince Anglois Mars à son cœur de ciel,
Voudra poursuyure la fortune prospere
Des deux duelles l'vn percera le fiel,
Hay de luy bien aymee de sa mere.

Mont

XVII.

Mont Auentiné brusler nuict sera veu,
Le ciel obscur tout à vn coup en Flandres,
Quand le monarque chassera son neueu,
Leurs gens d'Eglise cōmettront les esclandres.

XVIII.

Apres la pluye laict assez longuette,
En plusieurs lieux de Reims le ciel touché:
O quel conflict de sang prés d'eux s'appreste,
Perés & fils Roys n'oseront approcher.

XIX.

En Luques sang & laict viendra plouuoir,
Vn peu deuant changement de preteur:
Grand peste & guerre, faim & soif sera voir
Loin où mourra leur prince & recteur.

XX.

Par les contrees du grand fleuue Bethique,
Loin d'Ibere au Royaume de Grenade
Croix repoussees par gens Mahometiques
Vn Cordubete ahira le contrade.

XXI.

Au Crustamin par mer Hadriatique,
Apparoistra vn horrible poisson,
De face humaine, & la fin aquatique,
Qui se prendra dehors de l'ameçon.

XXII.

Six iours l'assaut deuant cité donné,
Liuree sera forte & aspre bataille:
Trois la rendroht, & à eux pardonné,
Le reste à feu & à sang tranche taille.

XXIII.

Si Frahce passe outre mort lyguftique,
Tu te verras en isles & mers enclos,
Mahommet contraire, plus mer Hadriatique
Cheuaux & d'Asnes ty rongeras les os.

XXIV.

De l'entreprinse grande confusion,
Perte de gens, thresor innumerable:
Tu n'y dois faire encore tension.
France à mon dire fais que sois recordable

XXV.

Qui au Royaume Nauarrois paruiendra,
Quand le Sicile & Naples seront ioints:
Bigore & Lances par Foyx loron tiendra
D'vn qui d'Espagne sera par trop conioint:

XXVI.

Des Roys & Princes dresseront simulactes,
Augures, creuz esleuez aruspices:
Corne, victume dorec, & d'azur, d'acre,
Interpretez seront les extipices.

XXVII.

Prince libinique puissant en Occident,
François d'Arabe viendra tant enflammer,
Sçauant aux lettres fera condescendent
La langue Arabe en François translater.

XXVIII.

De terre foible & pauure parentelle,
Par bout & paix paruiendra dans l'Empire.
Long temps regner vne ieune femelle,
Qu'oncques en regne n'en suruint vn si pire.

Les

XXIX.

Les deux neueux en diuers lieux nourris,
Nauale pugne, terre peres tombez,
Viendront si haut esleuez enguerris,
Venger l'iniure, ennemis succombez.

XXX.

Celuy qu'en luitte & fer au faict bellique
Aura porté plus grand que luy le pris;
De nuict au lict six luy feront la pique
Nud sans harnois subit sera surpris.

XXXI.

Aux champs de Mede, d'Arabe, & d'Armenie,
Deux grands copies trois fois s'assembleront:
Pres du riuage d'Araxes la mesgnie,
Du grand Soliman en terre tomberont.

XXXII.

Le grand sepulchre du peuple Aquitanique,
S'approchera aupres de la Toscane:
Quand Mars sera pres du coing Germanique
Et au terroir de la gent Mantuane.

XXXIII.

En la cité où le loup entrera,
Bien pres de là les ennemis seront:
Copie estrange grand pays gastera.
Aux murs & Alpes les amis passeront.

XXXIV.

Quand le deffaut du Soleil lors sera
Sur le plein iour le monstre sera veu:
Tout autrement on l'interpretera,
Cherté n'a garde nul n'y aura pourueu.

D.i

XXXV.

Du plus profond de l'Occident d'Europe,
De pauures gens vn ieune enfant naistra,
Qui par sa langue seduira grande troupe,
Sont bruit au regne d'Orient plus croistra.

XXXVI.

Enseuely non mort apopletique,
Sera trouué auoir les mains mangees:
Quand la cité damnera l'heretique,
Qu'auoit leurs loix, ce leur sembloit, changees.

XXXVII.

Auant l'assaut l'oraison prononcee,
Milan prins d'Aigle par embusches deçeus
Muraille antique par canons enfoncee,
Par feu & sang à mercy peu reçeus.

XXXVIII.

La gens Gauloise & nation estrange,
Outre les monts, morts, prins & profugez,
Au moins contraire & proche de vendange,
Paules Seigneurs en accord redigez.

XXXIX.

Les sept en trois moins en concorde,
Pour subiuguer des Alpes Apennines:
Mais la tempeste & Ligure couarde,
Les profligent en subites ruines.

XL.

Le grand theatre se viendra redresser,
Les dez iettez & les rets ia tendus:
Trop le premier en glaz viendra lasser,
Pars arcs prostrais de long temps ia fendus.
Bossu

XLI.

Boſſu ſera eſleu par le conſeil,
Plus hideux monſtre en terre n'apperçeu,
Le coup voulant creuera l'œil,
Le traiſtre au Roy pour fidelle reçeu.

XLII.

L'enfant naiſtra à deux dents en la gorge,
Pierres en Tuſcie par pluye tomberont:
Peu d'ans apres ne ſera bled ny orge,
Pour ſaouler ceux qui de faim failliront.

XLIII.

Gens d'alentour de Tain Loth, & Garonne
Grandez les monts Apenines paſſer:
Voſtre tombeau pres de Rome & d'Ançonne,
Le noir poil creſpe fera trophe dreſſer:

XLIV.

Quand l'animal à l'homme domeſtique,
Apres grands peines & ſauts viendra parler,
De foudre à vierge ſera ſi maleſique,
De terre prinſe & ſuſpendue en l'air.

LXV.

Le cinq eſtranges entrez dedans le temple,
Leur ſang viendra la terre prophaner,
Aux Tholoſains ſera bien dur exemple,
D'vn qui viendra ſes loix exterminer.

XLVI.

Le ciel (de Plençus la cité) nous preſage,
Par clers inſignes & par eſtoilles ſixes,
Que de ſon change ſubit s'approche l'aage,
Ne pour ſon bien, ne pour ſes maleſices.

Le

XLVII.

Le vieux monarque dechaſsé de ſon regne
Aux Oriens ſon ſecours ira querre:
Pour peur des croix ployera ſon enſeigne,
En Mytilene ira par port & par terre.

XLVIII.

Sept cens captifs attachez rudement,
Pour la moitié meurtrir, donné le ſort:
Le proche eſpoir viendra ſi promptement
Mais non ſi toſt qu'vne quinzieſme mort.

XLIX.

Regne Gaulois tu ſeras bien changé,
En lieu eſtrange eſt tranſlaté l'empire:
En autres mœurs & loix ſeras rangé,
Roüan, & Chartres te feront bien du pire.

L.

La republique de la grande cité,
A grand rigueur ne voudra conſentir:
Roy ſortir hors par trompette cité,
L'eſchelle au mur la cité repentir.

LI.

Paris coniure vn grand meurtre commettre
Blois le fera ſortir en plain effect:
Ceux d'Orleans voudront leur chef remettre
Angers, Troye, Langres leur feront vn meſfait.

LII.

En la champagne ſera ſi longue pluye,
Et en la Poüille ſi grande ſiccité
Coq verra l'Aigle, l'aiſle mal accomplie,
Par Lyon miſe ſera en extremité.

E

LIII.

Quand le plus grand emportera le pris
De Nuremberg d'Ausbourg, & ceux de Basle,
Par Agippine chef Frankfort repris
Trauerseront par Flamant iusques en Gale.

LIV.

L'vn des grands fuira aux Espagnes
Qu'en longue playe apres viendra saigner,
Passant copies par les hautes montagnes,
Deuastant tout,& puis en paix regner.

LV.

En l'an qu'vn œil en France regnera,
La cour sera en vn bien fascheux trouble:
Le grand de Blois son amy tuera
Le regne mis en mal & douте double.

LVI.

Montaubaht, Nismes, Auignon & Besier,
Peste,tonnerre,& gresle à fin de Mars:
De Paris Pont,Lyon mur, Montpellier,
Depuis six cens & sept vingts trois pars.

LVII.

Sept fois changer verrez gens Britanique,
Taints en sang en deux cens nonante an
Franche non point par appuy Germanique
Aries doubte son pole Bastarnan.

LVIII.

Aupres du Rhin des montaignes Noriques
Naistra vn grand de gens trop tard venu
Qui defendra Saurome & Pannoniques,
Qu'on ne sçaura qu'il sera deuenu.

　　　　　　　　　　　　Barbare

LIX.

Barbare empire par le tiers vsurpé,
La plus grand part de son sang mettra à mort:
Par mort senile par luy le quart frappé,
Pour peur que sang par le sang ne soit mort.

LX.

Par toute Asie grande proscription,
Mesme en Mysie, Lysie, & Pamphilie:
Sang versera par absolution,
D'vn ieune noir remply de felonnie.

LXI.

La grande bande & secte crucigere,
Se dressera en Mesopotamie:
Du proche fleuue compagnie legere,
Que telle loy tiendra pour ennemie.

LXII.

Proche del duero par mer Cyrene close,
Viendra perser les grands monts Pyrenees
La main plus courte & sa perce glose,
A Carcassonne conduira les menées.

LXIII.

Romain pouuoir sera du tout à bas,
Son grand voisin imiter les vestiges:
Occultes haines ciuiles & debats,
Retarderont au bouffons leurs folies.

LXIV.

Le chef de Perse remplira grande Olchade,
Classe Triteme contre gens Mahometiques:
De Parthe, & Mede, & piller les Cyclades.
Repos long temps au grand port Ionique.

E 2

L X V.

Quand le sepulchre du grand Romain trouué
Le iour apres sera esleu Pontife:
Du Senat gueres il ne sera prouué
Empoisonné,son sang au sacré scyphe.

L X V I.

Le grand Balif d'Orleans mis à mort
Sera par vn de sang vindicatif:
De mort merite ne mourra ne par sort
Des pieds & mains mal le faisoit captif.

L X V I I.

Vne nouuelle secte de Philosophes,
Mesprisant mort,or,honneurs & richesses:
Des monts Germanins ne seront limitrophes,
A les ensuyure auront appuy & presses.

L X V I I I.

Peuple sans chef d'Espaigne d'Italie,
Mors, profliges dedans le Cherronesse
Leur dict trahy par legere folie,
Le sang nager par tout à la trauerse.

L X I X.

Grand exercice condut par iouuenceau,
Se viendra rendre aux mains des ennemis
Mais le vieillard nay au demy pourceau,
Fera Chalon & Mascon estre amis.

L X X.

La grand Bretaigne comprinse d'Angleterre,
Viendra par eaux si haut à inonder
La Ligue neuue d'ausonne fera guerre,
Que contre eux ils se viendront bander.

Ceux

LXXI.

Ceux dans les isles de long temps assiegez,
Prendront vigueur force contre ennemis:
Ceux par dehors morts de faim prosligez,
En plus grand faim que iamais seront mis.

LXXII.

Le bon vieillard tout vif enseuely,
Pres du grand fleuue par fausse soupçon:
Le nouueau vieux de richesse ennobly,
Prins à chemin tout l'or de la rançon.

LXXIII.

Quand dans le regne paruiendra le boiteux.
Competiteur aura proche bastard:
Luy & le reghe viendront si fort roigneux,
Qu'ains qu'il guerisse son faict sera bien tard.

LXXIV.

Naples, Florence, Fauence, & Imole,
Seront en termes de telle fascherie,
Que pour cóplaire aux mal-heureux de Nolle
Plainct d'auoir faict à son chef moquerie.

LXXV.

Pau, Verone, Vicenne, Sarragousse,
De glaiues loingts, terroirs de sang humides
Peste si grande viendra à la grand gousse,
Proche secours, & bien loing les remedes.

LXXVI.

En germanie naistront diuerses sectes,
S'approchant fort de l'heureux paganisme,
Le cœur captif & petites receptes,
Feront retour à payer le vray disme.

E 3

LXXVII.

Le tiers climàt sous Aries comprins
L'an mil sept cens vingt & sept en Octrobre,
Le Roy de Perse par d'Egypte prins
Conflit mort, perte, à la croix grand opprobre.

LXXVIII.

Le chef d'Escosse, aliec six d'Allemagne
Par gens de mer Orient au captif:
Trauerseront le Calpre & Espagne,
Present en Perse au nouueau Roy craintif.

LXXIX.

L'ordre fatal sempiternel par chaisne,
Viendra tourner par ordre consequent:
Du port Phocen sera rompue la chaisne,
La cité prinse, l'ennemy quant & quant.

LXXX.

Du regne Anglois le digne dechassé,
Le conseiller par ire mis à feu
Ses adherans iront si bas tracer,
Que le bastard sera demy receu.

LXXXI.

Le grand criard sans honte audacieux,
Sera esleu gouuerneur de l'armee:
La hardiesse de son contenteur
Le pont rompu, cité de peur pasmee.

LXXXII.

Ercins, Antibor, villes autour de Nice,
Seront gastees fort par mer & par terre:
Les sauterelles terre & mer vent propice,
Prins morts troussés, pilles sans loy de guerre.

Les

LXXXIII.

Les longs cheveux de la Gaule Celtique,
Accompagnez d'estranges nations,
Mettront captif la gent aquitanique,
Pour succomber à leurs intentions.

LXXXIV.

Là grande cité sera bien desolee,
Des habitans vn seul n'y demeurera
Mur, sexe, temple & vierge violee,
Par fer, feu, peste canon peuple mourra.

LXXXV.

La cité prinse par tromperie & fraude,
Par le moyen d'vn beau ieune attrapé,
Assaut donné Raubine pres de LA VDE,
Luy & tous morts pour auoir bien trompé.

LXXXVI.

Vn chef d'Ausonne aux Espaignes ira
Par mer fera arrest dedans Marseille,
Auant sa mort vn long temps languira
Apres sa mort on verra grand merueille.

LXXXVII.

Classe Gauloise n'approcht de Corsegue,
Moins de Sardaigne tu t'en repentiras,
Trestous mourrez frustrez de l'aide grogne,
Sang nagera captif ne me croiras.

LXXXVIII.

De Barselonne par mer si grand'armee,
Toute Marseille de frayeur tremblera.
Isles saisies de mer ayde fermee,
Ton traditeur en terre nagera.

s.l   E 4

LXXXIX.

En ce temps la sera fruſtree Cypres.
De ſon ſecours de ceux de mer Egee:
Vieux trucidez, mais par meſles & lyphres,
Seduict leur Roy, Royne, plus outragee.

XC.

Le grand Satyre & Tigre d'Hyrcanie,
Dont preſenté à ceux de l'Occean:
Vn chef claſſe iſtra de Carmanie,
Qui prendra terre au Tyrren Phoceau:

XCI.

L'arbre qu'eſtoit par long téps mort ſeché,
Dans vne nuict viendra à reuerdir:
Coron Roy malade Prince pied eſtaché,
Criant d'ennemis fera voile bondir.

XCII.

Le monde proche du dernier periode
Saturne encor tard ſera de retour:
Tranſlat empire deuers nation Brodde,
L'œil arraché à Narbon par Autour.

XCIII.

Dans Auignon tout le chef de l'empire
Fera arreſt pour Paris deſolé:
Tricaſt tiendra l'Annibalique ire,
Lyon par change ſera mal conſolé.

XCIV.

De cinq cens ans plus compte lon tiendra,
Celuy qu'eſtoit l'ornement de ſon temps:
Puis à vn coup grande clarté donra,
Que par ce ſiecle les rendra treſcontens.

La

XCV.

La loy Moricque on verra deffaillir,
Apres vne autre beaucoup plus seduciiue:
Boristhenes premier viendra faillir,
Par dons & langue vne plus attractiue.

XCVI.

Chef de Foslanaura gorge coupee,
Par le ducteur du limier & leurier:
Le faict par ceux du mont Tarpee,
Saturne en Leo 13.de Feurier.

XCVII.

Nouuelle loy terre neuue occuper,
Vers la Syrie, Iudee & Palestine:
Le grand empire barbare corruet,
Auant que Phebés son siecle determine.

XCVIII.

Deux royals freres si fort guerroyeront
Qu'entre eux sera la guerre si mortelle:
Qu'vn chacun places fortes occuperont,
De regne & vie sera leur grand querelle.

XCIX.

Aux cháps herbeux d'Alcin & du Varneigne,
Du mont Lebron proche de la Durance,
Camps deux parts conflict sera si aigre,
Mesopotasid defaillira en la France.

C.

Entre Gaulois le dernier honnoré,
D'homme ennemy sera victorieux:
Force & terroir en nomment exploré,
D'vn coup de traict quand moura l'enuieux.

E 5

PROPHETIES
DE MAISTRE
Nostradamus.

CENTVRIE IV.

I

CEla du reste de sang non espandu,
Venise quiert secours estre donné:
Apres auoir bien long temps attendu,
Cité liuree au premier cornet sonné.

II

Par mort la France prendra voyage à faire,
Classe par mer, marcher monts Pyrenees,
Espaigne en trouble, marcher gent militaire:
Des plus grands Dames en France emmenees.

III

D'Arras & Bourges, de Brodes grās enseignes,
Vn plus grand nombre de Gascos battre à pied,
Ceux long du Rosne saigneront les Espaignes:
Proche du mont où Sagonte s'assied.

IV

L'impotēt prince fasché plaincts & querellés,
De rapts & pillé, par coqs & par Libiques:
Grands est par terre par mer infiniés voilles,
Seule Italie sera chassant Celtiques.

Croix,

V.

Croix, paix, soubs vn accomply diuin verbe,
L'Espaigne & Gaule seront vnis ensemble:
Grand clade proche, & combat tres-acerbe,
Cœur si hardy ne sera qui ne tremble.

VI.

D'habits nouueaux apres faicte la treiue,
Malice tramme & machination:
Premier mourra qui en fera la preuue,
Couleur venise insidiation.

VII.

Le mineur fils du grand & hay Prince,
De lepre aura à vingt ans grand tache:
Du dueil sa mere mourra bien triste & mince,
Et il mourra là où tombe cher lache.

VIII.

La grand cité d'assaut prompt & repentin,
Surprins de nuict, gardes interrompus:
Les excubies & veilles sainct Quintin,
Trucidez gardes & les portails rompus.

IX.

Le chef du camp au milieu de la presse,
D'vn coup de fleche sera blessé aux cuisses:
Lors que Geneue en larmes & detresse,
Sera trahie par Lauzan & Souysses.

X.

Le ieune Prince accusé faussement,
Mettra en trouble le camp & en querelles:
Meurtry le chef pour le soustenement,
Sceptre appaiser: puis guerir escroüelles.

Celuy

X I.

Celuy qu'aura gouuert de la grand'cappe,
Sera induict à quelques cas patrer:
Les douze rouges viendront foüiller la nappe,
Soubz meurtre, meurtre fe viendra perpetrer.

X I I.

Le champ plus grand de route mis en fuite,
Guaires plus outre ne fera pourchaffé:
Oft recampé & legion reduicte,
Puis hors des Gaules du tout fera chaffé.

X I I I.

De plus grand perte nouuelles rapportees,
Le rapport le champ s'eftournera.
Ban les vnies encontre reuoltees,
Double phalange quand abandonnera.

X I V.

La mort fubite du premier perfonnage
Aura changé & mis vn autre au regne:
Toft, tard venu à fi haut & bas aage,
Que terre & mer faudra que on le craigne.

X V.

D'où penfera faire venir famine,
De là viendra fe raffafiement:
L'œil de la mer par auare canine
Pour de f'vn l'autre donra huyle, fromēt.

X V I.

La cité franche de liberté fait ferue,
Des profligez & refueurs faict afyle:
Le Roy changé à eux non fi proteruc:
De cent feront deuenus plus de mille.

Chan

XVII.

Changer à Banne, Nuy, Chalons, & Dijon,
Le duc voulant amander la Barrée
Marchât prés fleuue, poisson, bec de plongeon
Verra la queue: porte sera serrée.

XVIII.

Des plus lettrez dessus les faits celestes
Seront par princes ignorans reprouuez:
Punis d'Edit, chassez, comme sceleftes,
Et mis à mort là où seront trouuez.

XIX.

Deuant Rouan d'Insubres mis le siége,
Par terre & mer enfermez les passages:
D'haynaut, & Fládres de Gád & ceux de Liege,
Par dons lænees rauiront les riuages.

XX.

Paix vberté long temps lieux loüera:
Par tout son reghe desert la fleur de lys:
Corps morts d'eau, terre là l'on apportera,
Sperans vain heur d'estre là enseuelis.

XXI.

Le changement sera fort difficile,
Cité, prouince au changé gain fera:
Cœur haut, prudent mis, chassé luy hábile,
Mer, terre, peuple son estat changera.

XXII.

La grand copie qui sera deschassee,
Dans vn moment fera besoing au Róy.
La fóy promise de löing sera faussee,
Nud se verra en piteux desarroy.

La

XXIII.

La legion dans la marine classe,
Calcine, Magnes soulphre, & poix bruslera:
Le long repos de l'asseuree place,
Port Selyn, Hercle feu les consumera.

XXIV.

Ouy soubs terre saincte Dame voix saincte,
Humaine flamme pour diuine voir luire:
Fera des seuls de leur sang terre taincte,
Et les saincts temples pour les impurs destruire.

XXV.

Corps sublimes sans fin à l'œil visibles,
Obnubiler viendront par ces raisons:
Corps, front comprins, sens chefs & inuisibles,
Diminuant les sacrees oraisons.

XXVI.

Lou grand eyssame se leuera d'abelhos,
Que non salutan don te siegen venguddos,
Denuech i'esbousq, lougach deilo les treilhos
Ciutad trahido per cinq lengos non nudos.

XXVII.

Salon, Mansol, Tarascon de SEX, l'arc,
Où est debout encor la piramide:
Viendront liurer le Prince Dannemarc,
Rachat honny au temple d'Artemide.

XXVIII.

Lors que Venus du Sol sera couuert,
Soubs l'esplendeur sera forme occulte:
Mercure au feu les aura descouuert,
Par bruit bellique sera mis à l'insulte.

Le

XXIX.

Le Sol caché eclipse par Mercure,
Ne seras mis que pour le ciel second:
De Vulcan Hermés sera faicte pasture,
Sol sera veu peur, rutiland & blond.

XXX.

Plus vnze fois Luna Sol ne vouldra,
Tous augmenté & baissez de degrez
Et si bas mis que peu or on coudra,
Qu'aprés faim peste, descouuert le secret.

XXXI.

La Lune au plein de nuict sur le haut mont,
Le nouueau sophe d'vn seul cerueau l'a veu:
Par ses disciples estre immortel semond,
Yeux au midy, en seins mains corps au feu.

XXXII.

Es lieux & temps chair ou poisson dora lieu,
La loy commune sera faicte au contraire:
Vieux tiendra fort puis osté du milieu,
Le Panta chiona philon mis fort arriere.

XXXIII.

Iupiter ioinct plus Venus qu'à la Lune,
Apparoissant de plenitude blanche:
Venu cachee sous la blancheur Neptune
De Mars frappee & par la graue branche.

XXXIV.

Le grand mené captif d'estrange terre,
D'or enchainé au Roy Chyr en offert:
Qui dans Ausone, Milan, perdra la guerre,
Et tout son ost mis à feu & à fer.

Le

XXXV.

Le feu esteint les vierges trahiront.
La plus grand part de la bande nouuelle:
Foudre à fer, lance les sels Roy garderont
Etrusque & Corse, de nuict gorge allumelle.

XXXVI.

Les ieux nouueaux en Gaule redressez,
Apres victoire de l'Insubre champaigne:
Monts d'Esperie, les grands liez, troussez:
De peur trembler la Romaigne & l'Espaigne.

XXXVII.

Gaulois par sauts, monts viendra penetrer:
Occupera le grand lieu de l'Insubre:
Au plus profond son ost fera entrer,
Gennes, Monech pousseront classe rubre.

XXXVIII.

Pendant que Duc, Roy, Royne occupera,
Chef Bizant du captif en Samothrace:
Auant l'assaut l'vn l'autre mangera,
Rebours ferré suyura du sang la trace.

XXXIX.

Les Rhodiens demanderont secours,
Par le neglet de ses hoirs delaissee:
L'empire Arabe reuelera son cours,
Par Hesperies la cause redressee.

XL.

Les forteresses des assiegez serrez,
Par poudre à feu profondez en abysmes
Les proditeurs seront tous vifs serrez,
Onc aux sacristes n'aduint si piteux scisme.

Gy us

XLI.

Gymnique sexe captiue par hostage,
Viendra de nuit custodes deceuoir:
Le chef du camp deçeu par son langage,
Lairra à la gente,sera piteux à voir.

XLII.

Geneue & Langres par ceux de Chartres &
Et par Grenoble captif au Montlimard: (Dole,
Seysset,Lausanne,par fraudulente dole,
Les trahiront par or soixante marc.

XLIII.

Seront ouye au ciel armes battre,
Celuy au mesme les diuins ennemis:
Voudront loix sainctes iniustement debatre:
Par foudre & guerre bien croyans à mort mis.

XLIV.

Deux gros de Mende, de Roudes & Milhau.
Cahours,Lymoges,Castres,malo sepmano
De nuech l'intrado de Bourdeaux vn cailhau,
Par Perigort au toc de la campano.

XLV.

Par conflict Roy,regne abandonnéra,
Le plus grand chef faillira au besoing:
Mors profligez peu en reschapera,
Tous destranchez,vn en sera tesmoing.

XLVI.

Bien deffendu le faict par excellence,
Garde toy Tours de ta proche ruine:
Londres & Nantes par Reims sera deffense
Ne passe outre au temps de la bruine.

F

XLVII.

Le noir farouche quand aura essayé
Sa main sanguine par feu, fer arcs tendus,
Trestous le peuple sera tant effrayé,
Voir les plus grans par col & pieds pendus.

XLVIII.

Planure Ausonne fertile, spacieuse,
Produira taons si tant de sauterelles,
Clarté solaire deuiendra nubileuse,
Ronger le tout, grand peste venir d'elles.

XLIX.

Deuant le peuple sang sera respandu,
Que du haut ciel viendra essoigner,
Mais d'vn long temps ne sera entendu,
L'esprit d'vn seul le viendra tesmoigner.

L.

Libra verra regner les Hesperies,
De ciel & terre tenir la monarchie,
D'Asie forces nul ne verra peries,
Que sept ne tiennent par rang la hierarchie.

LI.

Vn Duc cupide son ennemy ensuyure,
Dans entrera empeschant la phalange,
Hastez à pied si près viendront poursuyure,
Que la iournee conflite près de Gange.

LII.

En cité obsesse aux murs hommes & femmes,
Ennemis hors le chef prest à soy rendre:
Vent sera fort encore les gendarmes:
Chassez seront par chaux, poussiere, & cendre.

Les

LIII.

Les fugitifs & bannis reuoquez,
Peres & fils grand garnissant les hauts puis,
Le cruel pere & les siens souffoquez,
Son fils pire submergé dans le puis.

LIV.

Du nom qui onque ne fut au Rox Gaulois
Iamais ne fut vn foudre si craintif,
Tremblant l'Italie, l'Espagne & les Anglois,
De femme estrangiers grandement attentif.

LV.

Quãd la corneille sur tout de brique ioincte,
Durant sept heures ne fera que crier,
Mort presagee de sang statue taincte,
Tyran meurtry, aux Dieux peuple prier.

LVI.

Apres victoire de rabieuse langue,
L'esprit tempré en tranquil & repos,
Victeur sanguin par conflict faict harangue,
Roustir la langue & la chair & les os.

LVII.

Ignare enuie au grand Roy supportee,
Tiendras propos deffendre les esprits,
Sa femme non femme par vn autre tentee,
Plus double deux ne fort ne cris.

LVIII.

Soleil ardent dans le grosier coller,
De sang humain arrouser terre Etrusque:
Chef seille d'eau, mener son fils filer,
Captiue dame conduicte en terre Turque.

LIX.

Deux affiegez en ardente feruecür:
Ce foif eftainćts pour deux plaines taffes
Le fort limé, & vn vieillart refuelu
Aux Geneuois de Nira monftra traffe.

LX.

Les fept enfans en hoftaine laiffez,
Le tiers viendra fon enfant trucider:
Deux par fon fils feront d'eftoc percez,
Genues, Florence, les viendra encöder.

LXI.

Le vieux mocqué & priué de fa place,
Par l'eftranger qui le fubörnera:
Mains de fon fils mangées deuant fa face,
Le frere à Chartres, Orl Rouan trahira.

LXII.

Vn coronel machine ambition,
Se faifira de la grande armée,
Contre fon Prince fainte intention,
Et defcouuert fera foubs fa ramée.

LXIII.

L'armée Celtique contre les montaignars,
Qui feront fceuz & prins à la pipée:
Payfans frez poufferont toft faugnars,
Precipitez tous au fils de l'efpée.

LXIV.

Le deffaillant en habit de bourgeois,
Viendra le Roy tenter de fon offenfe:
Quinze foldats la plufpart Vftagois,
Vie derniere & chef de fa cheuance.

Au

LXV.
Au deſerteur de la grande forterefſe,
Apres qu'aura ſon lieu abandonné,
Son aduerſaire fera grande proeſſe,
L'empereur toſt mort ſera condamné.

LXVI.
Sous couleur fainte de ſept teſtes raſeés,
Seront ſemez diuers explorateurs:
Puys & fontaines de poiſons arrouſeés,
Au fort de Gennes humains deuorateurs.

LXVII.
Lors que Saturne & Mars eſgaux combuſt,
L'air fort ſeiché longue traiection:
Par feux ſecrets, d'ardeur grand lieu aduſt,
Feu, pluye, vent chaut, guerres, incurſions.

LXVIII.
En lieu bien proche non eſloigné de Venus.
Les deux plus grands de l'Aſie & d'Aphrique,
Du Ryn & Hiſter qu'on dira ſont venus;
Cris pleurs, à Malte & coſté Liguſtique.

LXIX.
La cité grande les exilez tiendront,
Les citadins morts, meurtris & chaſſez:
Ceux d'Aquilee à Parme promettront,
Monſtrer l'entree par les lieux non traſſez.

LXX.
Bien contigue, des grands monts Pyrenees,
Vn contré l'Aigle grand copie addreſſer:
Ouuertes veines, forces exterminees;
Que iuſqu'à Paulle ſchef viendra chaſſer.

LXXI.

En lieu d'efpoufe les filles trucidees,
Meurtre à grand faute ne fera fuperftile:
Dedans ce puys veftu les inondées,
L'efpoufe eftainte par haute d'Aconite.

LXXII.

Les Attomiques par Agen & l'Eftore,
A fainct Felix feront leur parlement:
Ceux de Bafas viendront à la mal'heure,
Saifir Condon & Marfan promptement.

LXXIII.

Le nepueu grand par force prouuera
Le pache fait du cœur pufillanime:
Ferrare & Aft le Duc efprouuera,
Par lors qu'au foir fera le pantomime.

LXXIV.

Du lac Leman & ceux de Brannonices:
Tous affemblez contre ceux d'Aquitaines
Germains beaucoup encore plus Souiffes,
Seront des fajets auec ceux d'Humaine.

LXXV.

Preft à combattre fera defection,
Chef aduerfaire obtiendra la victoire:
L'arriere garde fera defenfion,
Les defaillans mort au blanc territoire.

LXXVI.

Les Nibobriges par ceux de Perigort,
Seront vexez, tenant iufques au Rofne:
L'affocié de Gafcons & Begorne,
Trahit le temple, le preftre eftant au profne.

Seli

LXXVII.

Selin monarque l'Italie pacifique,
Regnes vnis, Roy Chrestien du monde:
Mourant voudra coucher en terre blesfique,
Apres pyrates auoir chassé de l'onde.

LXXVIII.

La grand' armée de la pugne ciuile,
Pour de nuict Parme à l'estrange trouuee,
Septante neuf meurtris dedans la ville,
Les estrangers passez tout à l'espee.

LXXIX.

Sang Royal fuis, Monhuit, Mas, Esguillon,
Remplis seront de Bourdelois les Landes,
Nauarre, Bygorre poinctes & eguillons,
Profonds de faim vorer de Liege glandes.

LXXX.

Pres du grand fleuue, grand fosse terre egeste,
En quinze pars sera l'eau diuisée:
La cité prinse, feu, sang, cris conflict mettre,
Et la pluspart concerne au collisée.

LXXXI.

Pont on fera promptement de nacelles,
Passer l'armee du grand Prince Belgique:
Dans profondez & non loing de Brucelles,
Outre passez, detranchez sept à picque.

LXXXII.

Amas s'approche venant d'Esclauonie,
L'Olestant vieux cité ruynera:
Fort desolée verra la Romanie,
Puis la grande flamme esteindre ne sçaura.

LXXXIII.

Combat nocturne, le vaillant capitaine,
Vaincu fuyra peu de gens proflige:
Son peuple esmeu, sedition non vaine.
Son propre fils le tiendra assiegé.

LXXXIV.

Vn grand d'Auxerre mourra bien miserable,
Chassé de ceux qui sous luy ont esté:
Serré de chaines, apres d'vn rude cable,
En l'an que Mars, Venus & Sol mis en esté.

LXXXV.

Le charbon blanc du noir sera chassé,
Prisonnier faict mené au tombereau,
More Chameau sus pieds entrelassez,
Lors le puisné sillera l'aubereau.

LXXXVI.

L'an que Saturne en eau sera conioinct
Auecques Sol, le Roy fort & puissant,
A Reims & Aix sera receu & oingt,
Apres conquestes meurtrira innocens.

LXXXVII.

Vn fils du Roy tant de langues apprins,
A son aisné au regne different:
Son pere beau au plus grand fils comprins,
Fera perir principal adherant.

LXXXVIII.

Le grand Antoine du nom de faict sordide
De Phthyriaise à son dernier rongé:
Vn qui de plomb voudra estre cupide,
Passant le port d'esleu sera plongé.

Tren

LXXXIX.

Trente de Londres secret coniureront,
Contre leur Roy, sur le pont l'entreprise:
Leuy, satalites la mort degousteront,
Vn Roy esleut blonde, natif de Frize.

XC.

Les deux copies aux mers ne pourrôt ioindre,
Dans cest instant trembler Misan, Ticini:
Faim, soif, doutance si fort les viendra poindre
Chair, pain, ne viures n'auront vn seul boucin.

XCI.

Au Duc Gaulois contraict battre au duelle,
La nef Mellele monech n'approchera,
Tort accusé, prison perpetuelle,
Son sils regner auant mort taschera.

XCII.

Teste tranchee du vaillant capitaine,
Sera iettee deuant son aduersaire:
Son corps pendu de la classe à l'ancienne,
Consus suira par rames à vent contraire.

XCIII.

Vn serpent veu proche du lict royal,
Sera par dame nuict chiens n'abayeront:
Lors naistre en France vn Prince tant royal,
Du ciel venu tous les Princes verront.

XCIV.

Deux grâds freres seront chassez d'Espaigne,
L'aisné vaincu sous les monts Pyrenees:
Rougir mer, Rosne, sang Lemand d'Alemaigne,
Narbon, Blytetre, d'Agth contaminees.

F 5

XCV.

Lé regne à deux laissé bien peu tiehdront,
Trois ans sept mois passez feront la guerre
Les deux Vestales contre rebelleront,
Victor puisnay en Athenique terre.

XCVI.

La sœur aisnée de l'Isle Britannique
Quinze ans deuant le frere aura naissance,
Par son promis moyennant verrifiqué,
Succedera au regne de balance.

XCVII.

L'an que Mercure, Mars, Venus retrograde,
Du grand Monarque la ligne ne faillir:
Esleu du peuple l'vsitant pres de Gaudole,
Qu'en paix & regne viendra fort enueillir.

XCVIII.

Les Albanois passeront dedans Rome,
Moyennant Langres demipler affublez,
Marquis & Duc ne pardonnés à homme,
Feu, sang, morbilles point d'eau faillit les bleds.

XCIX.

Laisse& vaillant de la fille du Roy,
Respoussera si profond les Celtiques,
Qu'il mettra foudres, combien en tel arroy
Peu & loing, puis profond és Hesperiques.

C.

De feu celeste au Royal edifice,
Quand la lumiere de Mars defaillira,
Sept mois grand guerre, mort gens de malefice
Roüan, Eureux au Roy, ne faillira.

PRO

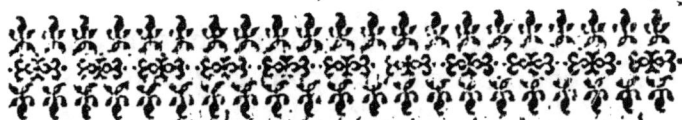

PROPHETIES
DE MAISTRE
Noſtradamus.

CENTVRIE V.

Vant venuë de ruine Celtique,
Dedans le temple deux parlementeront
Poignard cœur, d'vn monté au courſier & pic-
Sans faire bruit le grand enterreront.   (que,

II.

Sept coniurez au banquet feront luire,
Contre les trois le fer hors de nauire:
L'vn les deux claſſe au grand fera conduire,
Quand par le mal.Dernier au front luy tire.

III.

Le ſucceſſeur de la Duché viendra:
Beaucoup plus outre que la mer de Toſquaſſe
Gauloiſe branche la Florence tiendra,
Dans ſon giron d'accord nautique Raſſe.

IV.

Le gros maſtin de cité dechaſſé,
Sera faſché de l'eſtrange alliance,
Apres aux champs auoir le cerf chaſſé
Le loup & l'Ours ſe donront defiance.

Soubs

V.

Soubs ombre feincte d'oster de seruitude,
Peuple & cité l'vsurpera luy mesmes:
Pire sera par fraux de ieusne pure.
Liuré au champ lisant le faux poësme.

VI.

Au Roy l'angur sur le chef la main mettre,
Viendra prier pour la paix Italique:
A la main gauche viendra changer le sceptre,
De Roy viendra Empereur pacifique.

VII.

Du Triumuir seront trouuez les os,
Cerchant profond thresor ænigmaïque.
Ceux d'alentour ne seroit en repos,
Ce concauuer marbre & plomb metalique.

VIII.

Sera laissé feu vif, mort caché,
Dedans les globes horrible espouuantable,
De nuict à classe cité en poudre lasché,
La cité à feu, l'ennemy fauorable.

IX.

Iusques au fond la grand arq molue,
Par chef captif, l'amy anticipé,
Naistra de dame front, face cheuelue,
Lors par astuce Duc à mort atrapé.

X.

Vn chef Celtique dans le conflict blessé,
Au pres de caue voyant siens mort abbatre:
De sang & playes & d'ennemis pressé,
Et secours par incogneus de quatre.

Mes

XI.

Mer par folaités feute ne paffera,
Ceux de Venus tiendront toute l'Affrique:
Leur regne plus Saturne n'occupera,
Et changera la part Afiatique.

XII.

Aupres du lac Leman fera conduite,
Par garfe eftrange cité voulant trahir:
Auant fon meurtre à Ausbolg la grand fuitte,
Et ceux du Rhin la viendront inuahir.

XIII.

Par grand fureur le Roy Romain Belgique
Vexer voudra par phalange barbare:
Fureur grinffent, chaffera gent Lybique
Depuis Pannons iufques Hercules la hare.

XIV.

Saturne & Mars en Leo Efpaigne captiue,
Par chef Lybique au conflict attrapé,
Proche de Malthe Hérod de prinfe viue,
Et Romain feeptre fera par Coq frappé.

XV.

En nauigeant captif prins grand Pontife,
Grand apres faillir les clercs tumultuez:
Second efleu abfent fon bien debife,
Son fauory baftard à mort tué.

XVI.

A fon haut pris plus la lerme fabee,
D'humaine chair par mort en cendre mettre,
A l'ifle Pharos par Croiffars pertubee,
Alors qu'à Rodes paroiftra deux efpectre.

De

XVII.

De nuict passant le Roy, pres d'vne Androne,
Celuy de Cipres & principal guerre,
Le Roy failly, la main fuit long du Rosne,
Les coniurez l'iront à mort mettre.

XVIII.

De dueil mourra l'infelix profligé,
Celebrera son vitrix l'hecatombe:
Pristine loy, franc edit redigé,
Le mur & Prince au septiesme iour tombe.

XIX.

Le grand Royal d'or, d'airain augmenté,
Rompu la pache, par ieune ouuerte guerre:
Peuple affligé par vn chef lamenté,
De sang barbare sera couuerte terre.

XX.

De là les Alpes grande amour passera,
Vn peu deuant naistre monstre vapin:
Prodigieux & subit tournera,
Le grand Tosquan à son lieu plus propin.

XXI.

Par le trespas du Monarque Latin,
Ceux qu'il aura par regne secouruz:
Le feu luira diuisé le butin,
La mort publique aux hardis incouruz.

XXII.

Auant, qu'à Rome grand aye rendu l'ame,
Effrayeur grande à l'armée estrangere:
Par esquadrons l'embusche pres de Parme,
Puis les deux rouges ensemble feront chere.

Les

XXIII.

Les deux contens seront vnis enfemble,
Quand la plufpart à Mars feront conioinct:
Le grand d'Affrique en effrayeur tremble,
DVVMVIRAT par la claffe defioinct.

XXIV.

Le regne & loy fous Venus eſleué,
Saturne aura fus Iupiter empire,
La loy & regné par le Soleil leué,
Par Saturnins endurera le pire.

XXV.

Le Prince Arabe Mars, Sol, Venus Lyon,
Regne d'Eglife par mer fuccombera:
Deuers la Perfe bien pres d'vn million,
Bifance, Egypte ver ferp. inuadera.

XXVI.

La gent efclaue par vn heur Martial,
Viendra en haut degré tant eſleuee,
Changeront Prince, n'aiftra vn prouincial,
Paſſer la mer copie aux monts leuee.

XXVII.

Par feu & armes non loing de la marnegro,
Viendra de Perfe occuper Trebifonde:
Trembler Pharos Methelin, Sol alegro,
De fang Arabe d'Adrio couuert onde.

XXVIII.

Le bras pendant à la iambe liée,
Viſage paſle, au fein poignard caché,
Trois qui feront iurez de la meſlee,
Au grand de Genues fera le fer laſchee.

L a

XXIX.

La liberté ne sera recouurée,
L'occupera hoir, fier, vilain, inique,
Quand la matiere du pont sera ouurée,
D'Hister, Venise faschée la république.

XXX.

Tout à l'entour de la grande cité,
Seront soldats logez par champs & villes,
Donner l'assaut Paris Rome incité
Sur le pont lors sera faicte, grand pille.

XXXI.

Par terre Attique chef de la sapience,
Qui de present est la rose du monde,
Pour ruiné, & sa grande preeminence
Sera subdite & naufrage des ondes.

XXXII.

Où tout bon est, tout bien Soleil & Lune
Est abondant, sa ruine s'approche,
Du ciel s'auance vaner ta fortune,
En mesme estat que la septiesme roche.

XXXIII.

Des principaux de cité rebellée,
Qui tiendront fort pour liberté t'auoir,
Detrancher masles, infelie mesée,
Crys, heurlemens à Nantes piteux voir.

XXXIV.

Du plus profond de l'Occident, Anglois
Où est le chef de l'Isle Britanique
Entrera classe dans Gyronne, par Blois
Par vin & sel, ceux cachez aux barriques.

Par

XXXV.

Par cité franche de la grand mer Seline,
Qui porte encores à l'estomach la pierre,
Angloise classe viendra sous la bruine
Vn rameau prendre, du grand ouuerte guerre.

XXXVI.

De sœur le frere par simulté faintise
Viendra mesler rosee en myneral:
Sur la platente donne à veille tardiue,
Meurt le goustant sera simple & rural.

XXXVII.

Trois cens seront d'vn vouloir & accord,
Que pour venir au bout de leur attainte,
Vingt mois apres tous & record
Leur Roy trahy simulant haine fainte.

XXXVIII.

Ce grand monarque qu'au mort succedera,
Donnera vie illicite lubrique,
Par nonchalance à tous concedera,
Qu'à la parfin faudra la loy Salique.

XXXIX.

Du vray rameau de fleur de lys issu
Mis & logé heritier d'Hetrurie:
Son sang antique de longue main tissu,
Fera Florence florir en l'armoirie.

XL.

Le sang royal sera si tref-meslé,
Contraints seront Gaulois de l'Hesperie:
On attendra que terme soit coulé,
Et que memoire de la voix soit petite.

G

XLI.

Nay ſous les ombres & iournee nocturne,
Sera en regne & bonté ſouueraine:
Fera renaiſtre ſon ſang de l'antique vrne,
Renouuellant ſiecle d'or pour l'airain.

XLII.

Mars eſleué en ſon plus haut befroy,
Fera retraire les Allobrox de France:
La gent Lombarde fera ſi grand effroy,
A ceux de l'Aigle comprins ſous la Balance.

XLIII.

Là grand' ruine des ſacrez ne s'eſlongne,
Prouence, Naples, Sicille, Séez & Ponce,
En Germanie, au Rhin & la Cologne,
Vexez à mort par tous ceux de Magonce.

XLIV.

Par merle rouge ſera prins de pyrates,
La paix ſera par ſon moyen troublee:
L'ire & l'auare commettra fainct acte,
Au grand Pontife ſera l'armee doublee.

XLV.

Le grand Empire ſera toſt deſolé
Et tranſlaté pres d'arduenne ſilue:
Les deux baſtards par l'aiſné decollé,
Et regnera Ænodarb, nez de milue.

XLVI.

Par chapeaux rouges querelles & noueanx   (ſciſmes,
Quand on aura eſleu le Sabinois:
On produira contre luy grands ſophiſmes,
Et ſera Rome leſet par Albanois.

Le

XLVII.

Le grand Arabe marchera bien auant,
Trahy sera par les Byfantinois:
L'antique Rodes luy viendra au deuant,
Et plus grand mal par auftre Pannonois.

XLVIII.

Apres la grande affliction du fceptre,
Deux ennemis par eux feront defaicts:
Claffe Affrique aux Pannons viendra naiftre,
Par mer & terre feront horribles faicts.

XLIX.

Nul de l'Efpaigne,mais de l'antique France
Ne fera efleu pour le tremblant nacelle
A l'ennemy fera faicte fiance,
Qui dans fon regne fera pefte cruelle.

L.

L'an que les Freres du Lys feront en aage,
L'vn deux tiendra la grande Romanie:
Trembler fes monts,ouuers Latin paffage,
Face marcher contre fort d'Armenie.

LI.

La gent de Dace,d'Angleterre,Polonne
Et de Boëfme feront nouuelle ligue:
Pour paffer outre d'Hercules la colonne,
Barcins,Tyrrens dreffer cruelle brique.

LII.

Vn Roy fera qui donra l'oppofite,
Les exils efleuez fur le regne:
De fang nager la gent cafte Hypolite,
Et florira long temps fous telle enfeigne.

G 2

LIII.

La Ioy du Sol & Venus contendus
Appropriant l'esprit de prophetie:
Ne l'vn ne l'autre ne seront entendus,
Par sol tiendra la loy du grand Messie.

LIV.

Du pont Exine,& la grand Tartarie,
Vn Roy sera qui viendra voir la Gaule,
Transpercera Alane & l'Armerie,
Et dans Bisance lairra sanglante gaule.

LV.

De la Felice Arabie contrade,
Naistra puissant de loy Mahometique:
Vexer l'Espagne,conquester la Grenade,
Et plus par mer à la gent Lygustique.

LVI.

Par le trespas du tres-vieillard Pontife
Sera esleu Romain de bon aage,
Qui sera dict que le siege debiffe,
Et long tiendra & de picquant ouurage.

LVII.

Istra de mont Gaufier & Auentin,
Qui par le trou aduertira l'armee.
Entre deux rocs sera prins le butin,
De SEXT, mansol faillir la renommee.

LVIII.

De l'aque duct d'Vticense Gardoing,
Par la forest mort inacessible,
Enmy du pont sera tranché au poing
Le chef nemans qui tant sera terrible.

Au

LIX.

Au chef Anglois à Nismes trop seiour,
Deuers l'Espagne au secours Ænobarbe
Plusieurs mourront par Mars ouuert ce iour,
Quand en Arrois faillir estoille en barbe.

LX.

Par teste rase viendra bien mal eslire,
Plus que sa charge ne porter passera.
Si grand fureur & rage fera dire,
Qu'à feu & sang tout sexe trenchera.

LXI.

L'enfant du grand n'estant à sa naissance,
Subiuguera les hauts monts Apennis:
Fera trembler tous ceux de la balance,
Et des monts feux iusques à Mont-senis.

LXII.

Sur les rochers sang on verra pleuuoir,
Sol Orient Saturne Occidental:
Pres d'Orgon guerre à Rome grand mal voir,
Nefs parfondrees, & prins Tridental.

LXIII.

De vaine emprinse l'honeur indue plainte,
Galliots errans par latins, froid, faim, vagues
Non loing du Tymbre de sang la terre tainte,
Et sur humaine seront diuerses plagues.

LXIV.

Las assemblez par repos du grand nombre
Par terre & mer conseil contremandé,
Pres de l'Antonne Gennes, Nice de l'ombre
Par champs & villes le chef contrebandé.

G 3

LXV.

Sabit venu l'effrayeur sera grande,
Des principaux de l'affaire cachez:
Et dame en brasle plus ne sera en veuë,
Ce peu à peu seront les grands fachez.

LXVI.

Sous les antiques edifices vestaux,
Non esloignez d'aqueduct ruine.
De Sol & lune sont les luisans metaux,
Ardente lampe,Traian d'or burine.

LXVII.

Quand chef Perouse n'osera sa tunique
Sans au couuert tout nud s'expolier:
Seront prins sept faict Aristocratique,
Le pere & fils par poincte au colier.

LXVIII.

Dans le Danube & du Rhin viendra boire
Le grand Chameau,ne s'en repentira:
Trembler du Rosne, & plus fort ceux de Loire
Et pres des Alpes Coq le ruinera.

LXIX.

Plus ne sera le grand en feux sommeil,
L'inquietude viendra prendre repos:
Dresser phalange d'or,azur & vermeil
Sñbiuguer Afrique la ronger iusqu'aux os.

LXX.

Des regions subiectes à la Balance
Feront troubler les monts par grande guerre,
Captifs tout sexe deu & tout Bisance,
Qu'on criera à l'aube terre à terre.

Par

LXXI.

Par la fureur d'vn qui attendra l'eau:
Par la grand' rage tout l'exercice esmeu:
Chargé des nobles à dix sept barreaux,
Au long du Rosne tard messager venu.

LXXII.

Pour le plaisir d'edict voluptueux,
On mestera la poison dans la foy:
Venus sera en cours si vertueux,
Qu'obfusquera Soleil tout à loy.

LXXIII.

Persecutee sera de Dieu l'Eglise,
Et les saincts Temples seront expoliéz,
L'enfant la mere mettra nud en chemise,
Seront Arabes aux Pollons ralliez.

LXXIV.

De sang Troyen naistra cœur Germanique
Qui deuiendra en si haute puissance:
Hors chassera estrange Arabique,
Tournant l'Eglise en pristine preeminence.

LXXV.

Montera haut sur le bien plus à dextre,
Demourra assis sur la pierre quarree,
Vers le midy posé à sa senestre,
Baston tortu en main bouche serree.

LXXVI.

En lieu libre tendra son pauillon,
Et ne voudra en citez prendre place
Aix, Carpen l'isle volce, mont, Cauaillon,
Par tous ses lieux abolira la trace.

G 4

L X X V I I.

Tous les degrez d'honneur. Ecclesiastique:
Seront changez en dial quirinal;.
En Martial quirinal flaminique;
Puis vn Roy de France le rendra vulcanal.

L X X V I I I.

Les deux vnis. ne tiendront longuement,
Et dans treize ans au Barbare Strappe,
.Aux deux costez feront tel perdement
Qu'vn benira le Barque & sa cappe.

L X X I X.

Par sacree.pompe viendra baisser les aisles,.
Par la venue du grand legislateur:
Humble haussera; vexera les rebelles,.
Naistra sur terre aucun æmulateur.

L X X X.

Logmion grande Bisance approchera:.
Chassee sera la barbarique Ligue:
.Des deux loix l'vne l'estinique laschera;
Barbare & franche en perpetuelle brigue,.

L X X X I.

L'oiseau royal sur la cité solaire,
Sept moys deuant fera nocturne augure:
Mur d'Orient cherra tonnerre esclaire;
Sept iours aux portes les ennemis à l'heure.

L X X X I I.

Au conclud pache hors la forteresse;.
Ne sortira celuy en desespoir mis;
Quãd ceux d'Arbois, de Langres, côtre Bresse
Auront mons Dolle, bouscade d'ennemis.

Ceux

LXXXIII.

Ceux qui auront entreprins subuertir,
Nompareil regne, puissant & inuincible:
Feront par fraudes, nuicts trois aduertir,
Quand le plus grand à table lira Bible.

LXXXIV.

Naistra du goupfre & cité immesuree,
Nay de parens obscurs & tenebreux:
Qui sa puissance du grand Roy reueree,
Voudra destruire par Roüan & Eureux.

LXXXV.

Par les Sueues & lieux circonuoisins,
Seront en guerre pour cause des nuees.
Camp marins locustes cousins,
Du Leman fautes seront bien desnuees.

LXXXVI.

Par les deux testes, & trois bras separés,
La cité grande par eaux sera vexee:
Des grands d'entr'eux par exil esgarés,
Par teste perse Bisance fort pressee.

LXXXVII.

L'an que Saturne hors de seruage,
Au franc terroir sera d'eau inundé,
De sang Troyen sera son mariage,
Et sera seur d'Espaignols circundé,

LXXXVIII.

Sur le sablon par vn hideux deluge,
Des autres mers trouué monstre marin:
Proche du lieu sera faicte vn refuge,
Venant Sauone esclaue de Turin.

G ij

LXXXIX.

Dedans Hongrie par Boheme, Nauarre,
Et par banniere sainctes seditions:
Par fleurs de lys portant la barre,
Contre Orleans fera esmotions.

X C.

Dans le cyclades, en printhe & latisse,
Dedans Sparte tout le Peloponnesse:
Si grand famine, peste par faux connisse,
Neuf mois tiendra & tout le cheronnesse.

XCI.

Au grand marché qu'on dict des mesongiers,
Du tout Torrent & champ Athenien:
Seront surprins par les cheuaux legiers,
Par Albanois Mars, Leo, Sat. vn versien.

XCII.

Apres le siege tenu dixsept ans,
Cinq changeront en tel reuolu terme:
Puis fera l'vn esleu de mesme temps,
Qui des Romains ne sera trop conforme.

XCIII.

Soubs le terroir du rond globe lunaire,
Lors que sera dominateur Mercure:
L'isle d'Escosse fera vn luminaire,
Qui les Anglois mettra à deconfiture.

XCIV.

Translatera en la grand Germanie,
Brabant & Flandres, Grand, Bruges, & Bologne:
La trefue fainte le grand duc d'Armenie,
Assaillira Vienne & la Cologne.

Nautique

X C V.

Nautique rame inuitera les vmbres,
Du grand Empire lors viendra conciter:
La mer Aegee des lignes les encombres
Empelchant l'onde Tirrenne deflottez.

X C V I.

Sur le milieu du grand monde la rofe,
Pour nouueau faicts fang public efpandu:
A dire vray on aura bouché clofe,
Lors au befoing viendra tard l'attendu.

X C V I I.

Le nay defforme par horreur fuffoqué,
Dans la cité du grand Roy habitable:
L'edict feuere des captifs reuoqué,
Grefle & tonnerre, Condon ineftimable.

X C V I I I.

A quarante huict degré climaterique,
A fin de Cancer fi grande feichereffe:
Poiffon en mer, fleuue: lac cuit heqique,
Béarn, Bigorre par feu ciel en detreffe.

X C I X.

Milan, Ferrare, Turin, & Aquilleye,
Capue, Brundis vexèz par gent Celtique:
Par le Lyon & phalange aquilee
Quand Rome aura le chef vieux Britannique.

c.

Le boute feu par fon feu attrapé,
Du feu du ciel à Caltas & Gominges
Foix, Aux, Mazere, haut vieillart efchappé,
Par ceux de Hafle, des Saxons & Turinge.

PRO

PROPHETIES
DE MAISTRE
Noſtradamus.

CENTVRIE VI.

A Vtour des monts Pyrenees grans amas
De gent eſtrange ſecourir Roy nouueau:
Pres de Garonne du grand temple du Mas,
Vn Romain chef le craindra dedans l'eau.

II.

En l'an cinq cens octante plus & moins,
On attendra le ſiecle bien eſtrange:
En l'an ſept cens,& trois cieux en teſmoings,
Que pluſieurs regnes vn à cinq feront change.

III.

Fleuue qu'eſprouue le nouueau nay de Celti-
Sera en grande de l'Empire diſcorde (que
Le ieune prince par gent eccleſiaſtique,
Oſtera le ſceptre coronal de concorde.

IIII.

La Celtiq fleuue changera de riuage,
Plus ne tiendra la cité d'Agripine:
Tout tranſmué hormis le vieil langage,
Saturne,Leo,Mars,Cancer en rapine.

Si

V.

Si grand famine par vnde pestiferé,
Par pluye longue le long du polle arctique
Samatobryn cent lieux de l'hemisphere,
Viuront sans loy exempt de pollitique.

VI.

Apparoistra vers le Septentrion,
Non loing de Cancer l'estoille cheuelue:
Suze, Sienne Boëce, Eretrion,
Mourra de Rome grand la nuict disperue.

VII.

Norneigre Dace, & l'Isle Britannique,
Par les vnis freres seront vexees:
Le chef Romain issu du sang Gallique
Et les copies aux forests repoussees.

VIII.

Ceux qui estoyent en regne pour sçauoir,
Au Royal change deuiendront appouuris:
Vns exilez sans appuy or n'auoir,
Lettrez & lettres ne seront à grand pris.

IX.

Aux sacrez temples seront faicts escandales,
Comptez seront par honneurs & loüanges:
D'vn que on graue d'argent d'or les medailles,
La fin sera en tourmens bien estranges.

X.

Vn peu de temps les temples des couleurs
De blanc & noir des deux entre meslée:
Rouges & iaunes leur embleront les leurs.
Sang, terre, peste, faim, feu d'eau affollee.

De

X. I.

Des sept rameaux à trois seront reduicts,
Les plus aisnez seront surprins par mort,
Fratricider les deux seront seduicts,
Les coniurez en dormans serout morts.

X I I.

Dresser copies pour monter à l'empire,
Du Varican le sang Royal tiendra:
Flamans, Anglois, Espagne auec Aspire,
Contre l'Italie & France contiendra.

X I I I.

Vn debieux ne viendra loing du regne,
La plus grand part le voudra soustenir.
Vn Capitole ne voudra point qu'il regne,
Sa grande charge ne pourra maintenir.

X I V.

Loing de sa terre Roy perdra la bataille,
Prompt eschappé pourssuiuy suiuant prins,
Ignare prins soubs la dorée maille,
Soubs feinct habit & l'ennemy surprins.

X V.

Dessoubs la tombe sera trouué le Prince,
Qu'aura le pris par dessus Nuremberg:
L'espaignol Roy en capricorne mince,
Feinct & trahy par le grand Vvitemberg.

X V I.

Ce que rauy sera de ieune Miluc,
Par les Normans du France & Picardie:
Les noirs du temple de lieu de Negrisilue:
Feront aulberge & feu de Lombardie.

Apres

XVII.

Apres les limes bruſlez le raſiniers,
Contrains ſeront changer habits diuers:
Les Saturnins bruſlez par les meuſniers,
Hors la pluſpart qui ne ſera coüuers.

XVIII.

Par les Phiſiques le grand Roy delaiſſé,
Par ſort non art de l'Ebrieu eſt en vie,
Luy & ſon genre au regne haut pouſſé,
Grace d'onnee à gent qui Chriſt enuie.

XIX.

La vraye flamme engloutira la dame,
Que voudra mettre les Innocens à feu:
Pres de l'aſſaut l'exercite s'enflamme,
Quand dans Seuille môſtre en bœuf ſera veu.

XX.

L'vnion feinſte ſera peu de duree,
Des vn changez reformez la pluſpart:
Dans les vaiſſeaux ſera gent enduree,
Lors aura Rome vn nouueau liepart.

XXI.

Quand ceux du poſſe arctic vnis enſemble,
Et Orient grand effrayeur & crainte:
Eſleu nouueau, ſouſtenu le grand tremble,
Rodes, Biſence de ſang Barbare teinſte.

XXII.

Dedans la terre du grand temple celique,
Nepueu à Londre par paix feinſte meurtry:
La barque alors deuiendra ſcimatique,
Liberté feinſte ſera au corn' & cry.

D'eſprit

XXIII.

D'esprit de regne munismes descriées,
Et seront peuples esmeuz contre leur Roy,
Paix sainct nouueau, sainctes loix empirees,
Rapis onc fut en si tresdur arroy.

XXIV.

Mars & le scepte se trouuera conioinct,
Dessoubs Cancer calamiteuse guerre:
Vn peu apres sera nouueau Roy oingt,
Qui par long temps pacificra la terre.

XXV.

Par Mars contraire sera la monarchie,
Du grand pescheur en trouble ruyneux
Ieuné noir rouge prendra la hirarchie,
Les proditeurs iront iour bruyneux.

XXVI.

Quatre ans le siege quelque peu bié tiendra,
Vn suruiendra libidineux de vic:
Rauenne & Pyse, Veronne soustiendra,
Pour esleuer la croix de Pape ensuic.

XXVII.

Dedans les Isles de cinq fleuues à vn,
Par le croissant du grand Chyren Selin:
Par les bruynes de l'air fureur de l'vn,
Six eschapez cachez fardeaux de lin.

XXVIII.

Le grand Celtique entrera dedans Rome,
Menant amas d'exilez & bannis:
Le grand pasteur mettra à mort tout homme,
Qui pour le coq estoyent aux Alpes vnis.

La

XXIX.

. La vefue fainête entendant les nouuelles,
. De fes rameaux mis en perplex & trouble: .
Qui fera duiêt, appaifer les querelles,
Par fon pourchas de razes fera comble.

XXX.

Par l'apparence de feinête fainêteté,
Sera trahy aux ennemis le fiege.
Nuiêt qu'on cuidoit dormir en feureté,
Pres de Brabant marcheront ceux du Liege.

XXXI.

Roy trouuera ce qu'il defiroit tant,
Quand le Prelat fera reprins à tort:
Refponce au Duc le rendra mal contênt,
Qui dans Milan mettra plufieurs à mort.

XXXII.

Par trahifon de verges à mort battu,
Prins furmonté fera par fon defordre;
Confeil friuole au grand captif fentu,
Nez par fureur quand Berich viendra mordre.

XXXIII.

Sa main derniere par Alus fanguinaire,
Ne fe pourra par la mer garentir:
Entre deux fleuues craindre main militaire,
Le noir l'ireux le fera repentir.

XXXIV.

Defeu voulant la machination,
Viendra troubler au grand chef affiegez:
Dedans fera telle fedition,
Qu'en defefpoir feront les profligez.

H

XXXV.

Pres de Rion,& proche à blanche lajne,
Arles,Taurus,Cancer,Leo,la Vierge,
Mars,Iupiter,le Sol ardera grand plaine,
Bois & citez lettres cachez au cierge.

XXXVI.

Ne bien ne mal par bataille terrestre,
Ne paruiendra aux confins de Perouse,
Rebeller Pise,Florence voir mal estre,
Roy nuict blessé sur mulet à noire house.

XXXVII.

L'œuure ancienne se paracheuera,
Du toict cherra sur le grand mal ruyne:
Innocent faict mort on accusera,
Nocent cache,taillis à la bruyne.

XXXVIII.

Aux profligez de paix les ennemis,
Apres auoir l'Italie superee,
Noir sanguinaire,rouge sera commis,
Feu,sang verser,eau de sang coleree.

XXXIX.

L'enfant du regne,par paternelle prinse
Expolier sera pour deliurer:
Aupres du lac Trasimen l'axur prinse,
La troupe hostage par trop fort s'enyurer.

XL.

Grand de Magôce pour gráde soif esteindre,
Sera priué de la grande dignité:
Ceux de Cologne si fort le viendront plaindre,
Que le grand groppe au Rhin sera jetté.

Le

XLI.

Le second chef du regne d'Annemarc,
Par ceux de Frize & l'Isle Britannique,
Fera despendre plus de cent mille marc,
Vain exploicter voyage en Italique.

XLII.

A Log myon sera laissé le regne,
Du grand Selin plus fera de faict:
Par les Itales estendra son enseigne,
Regi sera par prudent contrefaict.

XLIII.

Long temps sera sans estre habitee,
Où Signe & Marne autour vient arrouser:
De la Tamise & martiaux tentee,
De ceux les gardes en cuidant repousser.

XLIV.

De nuict par Nantes, Lyris apparoistra,
Des arts marins susciteront la pluye:
Vrabiq goulfre, grande classe parfondra,
Vn monstre en Saxe naistra d'ours & truye.

XLV.

Le gouuerneur du regne bien sçauant,
Ne consentir voulant au faict Royal:
Mellile classe par le contraire vent
Le remettra à son plus desloyal.

XLVI.

Vn iuste sera en exil renuoyé,
Par pestilence aux confins de Nonseggle,
Response au rouge le fera desuoyé,
Roy retirant à la Rame & à l'Aigle.

H   2

XLVII.

Entre deux mots les deux grands assemblez,
Defaisseront leur simulté secrette:
Brucelle & Dolle par Langres accablez,
Pour à Malignes executeur leur peste.

XLVIII.

La saincteté trop feinte & seductiue,
Accompagné d'vne langue disette:
La cité vieille, & Parme trop hastiue,
Florence & Sienne, rendront plus deserte.

XLIX.

De la partie de Mammer grand Pontife,
Subiuguera les confins du Danube:
Chasser la croix, par fer raffé ne riffe,
Captifs, or, bague plus de cent mille rubes.

L.

Dedans le puys seront trouuez les os,
Sera l'inceste, commis par la maratre:
L'estat changé, on querra bruit & los,
Et aura Mars attendant pour son astre.

LI.

Peuple assemblé, voit nouueau expectacle.
Princes & Roys par plusieurs assistans,
Pilliers faillir, murs, mais comme miracle:
Le Roy sauué & trente des instans.

LII.

En lieu du grand qui sera condamné,
De prison hors, son amy en sa place:
L'espoir Troyen en six mois ioins, mort né,
Le Sol à l'vrne seront peins fleuue en glace.

Le

LIII.

Le grand Prelat Celtique à Roy fufpect,
De nuict par cours fortira hors du regne:
Par Duc fertile à fon grand Roy Bretaigne,
Bifance à Cyprés & Tunes infufpect.

LIV.

Au poinct du iour au fecond chant du coq,
Ceux de Tunes, de Fez & de Bugie,
Par les Arabes, captif le Roy Maroq,
L'an mil fix cens & fept de Liturgie.

LV.

Au chalmé Duc, en arrachant l'efponce,
Voile Arabefque voir, fubit defcouuerte:
Tripolis, Chio, & ceux de Trapefconce,
Duc prins, Marnegro & la cité deferte.

LVI.

La crainte armee de l'ennemy Narbon
Effrayera fi fort les Hefperidues:
Parpignan vuide par l'aueugle d'arbon,
Lors Barcelon par mer donra les piques.

LVII.

Celuy qu'eftoit bien auant dans le regne,
Ayant chef rouge proche à hierarchie,
Afpre & cruel, & fe fera tant craindre,
Succedera à facré monarchie.

LVIII.

Entre les deux monarques efloignez,
Lors que le Sol par Selin clair perduë,
Simulté grande entre deux indignez,
Qu'aux Ifles & Sienne la liberté renduë.

H 3

LIX.

Dame en fureur par rage d'adultere,
Viendra à son Prince conjurer non de dire:
Mats bref cogneu sera la vitupere,
Que seront mis dixsept à martyre.

LX.

Le Prince hors de son terroir Celtique
Sera trahy, deceu par interprete:
Rouant, Rochelle par ceux de l'Armorique
Au port de Blaue deceus par moyne & prestre.

LXI.

Le grand tappis plié ne monstrera,
Fors qu'à demy la pluspart de l'histoire:
Chassé du regne loing aspre apparoistra,
Qu'au faict bellique chacun le viendra croire.

LXII.

Trop tard tous deux les fleurs seront perdues.
Contre la loy serpent ne voudra faire:
Des ligueurs forces par gallots confondues,
Saüone, Albingue par monech grand martyre.

LXIII.

La dame seule au regne demeuree,
D'vnic esteint premier au lict d'honneur:
Sept ans sera de douleur exploree,
Puis longue vie au regne par grand heur.

LXIV.

On ne tiendra pache aucune arresté,
Tous receuans iront par tromperie,
De paix & trefue, & terre & mer protesté,
Par barcelone classe prins d'industrie.

Gris

LXV.

Gris & bureau demie ouuerte guerre,
De nuict seront assaillis & pillez:
Le bureau prins passera par la serre,
Son temple ouuert,deux au plastre grillez.

LXVI.

Au fondement de la nouuelle secte,
Seront les os du grand Romain trouuez,
Sepulchre en marbre apparoistra couuerte,
Terre trembler en Auril,mal enfouers.

LXVII.

Au grand Empire paruiendra tout vn autre,
Bonté distant plus de felicité:
Regi par vn issu non loing du peautre,
Corruer regnes grande infelicité.

LXVIII.

Lors que soldats fureur seditieuse,
Contre leur chef feront de nuict fer luire:
Ennemy d'Albe soit par main furieuse,
Lors vexer,Rome,& principaux seduire.

LXIX.

La pitié grande sera sans loing tarder,
Ceux qui donoyent seront cōtraints de prēdre:
Nuds, affamez de froid,soif,soy bander,
Les monts passer commettant grand esclandre.

LXX.

Au chef du monde le grand Chyren sera,
Plus outre apresaymé,criant, redouté:
Son bruit & lors les cieux surpassera,
Et du seul tiltre victeur fort contenté.

II		4

LXXI.

Quand on viendra le grand Roy parenter
Auant qu'il ait du tout l'ame renduc:
Celuy qui moins le viendra lamenter,
Par Lyons, d'Aigles, croix couronne venduc.

LXXII.

Par fureur feinte d'esmotion diuine,
Sera la femme du grand fort violee:
Iuges voulans damner telle doctrine,
Victime au peuple ignorant immolee.

LXXIII.

En cité grande vn moyne & artisan,
Pres de la porte logez & aux murailles,
Contre Moderne secret, caue disant
Trahis pour faire sous couleur d'espousailles.

LXXIV.

La dechassee au regne tournera:
Ses ennemis trouuez des coniurez:
Plus que iamais son temps triomphera,
Trois & septante à mort trop asseurez.

LXXV.

Le grand pillot par Roy sera mandé,
Laisser la classe pour plus haut lieu atteindre:
Sept ans apres sera contrebandé,
Barbare armee viendra Venise craindre.

LXXVI.

La cité antique d'antenoree forge,
Plus ne pouuant le tyran supporter
I e manche feinct au temple couper gorge,
Les siens le peuple à mort viendra bouter.

Par

LXXVII.

Par la victoire du deceu fraudulente,
Deux classes vne, la reuolte Germanie,
Le chef meurtry & son fils dans la tente,
Florence, Imole pourchassez dans Romaine.

LXXVIII.

Crier victoire du grand Selin croissant:
Par les Romains sera l'Aigle clamé,
Tiecin, Millan & Gennes y consent,
Puis par eux mesmes Basil grand reclamé.

LXXVIX.

Pres du Tesin les habitans de Loire,
Garonne, Saone, Saine, Tain & Gironde,
Outre les monts dresseront promontoire.
Couflict donné par granti, sumerge onde.

LXXX.

De Fez le regne paruiendra à ceux d'Europe,
Feu leur cité & l'anne tranchera,
Le grand d'Asie terre & mer à grand troupe,
Que bleux, peres, croix, à mort dechassera.

LXXXI.

Pleurs, cris & plaints, heurlemens, & frayeur,
Cœur inhumain, cruel Roy & transy,
Leman, les Isles, de Gennes les maieurs,
Sang espancher, fromfaim à nul mercy.

LXXXII.

Par les deserts de lieu libre & farouche,
Viendra errer nepueu du grand Pontife:
Assommé à sept auecques iour de souche,
Par ceux qu'apres occuperont le Cyphe.

H 5

LXXXIII.

Celuy qu'aura tant d'honneur & caresse.
A son entree de la Gaule Belgique,
Vn temps/apres sera tant de rudesses,
Et sera contre à la fleur tant bellique.

LXXXIV.

Celuy qu'en Sparte Claude ne peut regner,
Il fera tant par voye seductiue:
Que du court, long, le fera ataigner,
Que contre Roy fera sa perspectiue.

LXXXV.

La grand' cité ce Tharse par Gaulois
Sera destruite, captifs tous à Turban:
Secours par mer au grand Portugalois,
Premier d'esté le iour du sacre Vrban.

LXXXVI.

Le grand Prelat vn iour apres son songe,
Interpreté au rebours de son sens
De la Gascogne luy suruiendra vn monge,
Qui fera esliie le grand prelat de Sens.

LXXXVII.

L'election faicte dans Frankfort,
N'aura nul lieu, Milan s'opposera:
Le sien plus proche semblera si grand fort,
Qu'outre le Rhin és maresehs cassera.

LXXXVIII.

Vn regne grand demourra desolé,
Aupres de l'Hebro se feront assemblees:
Monts Pyrenees le rendront consolé,
Lors que dans May seront terres tremblees.

Entre

LXXXIX.

Entre deux cymbes pieds & mains attachez,
Dé miel face oingt,& de laict substanté,
Guespes & mouchez,sitine amour sachez
Poccilateur saucer,Cyphe tenté.

X C,

L'honnissement puant abominable
Apres le faict sera felicité
Grand excuse pour n'estre fauorable,
Qu'à paix Neptune ne sera incité.

XCI.

Du conducteur de la guerre nauale,
Rouge effrené,suere,horrible grippe,
Captif eschappé de l'aisné dans la baste:
Quand il naistra du grand vn fils Agrippe.

XCII;

Prince de beauté tant venuste,
Au chef menee,le second faict trahy,
La cité au glaiue de poudre,face aduste,
Par trop grand meurtre le chef du Roy hay.

XCIII.

Prelat autré d'ambition trompé,
Rien ne sera que trop viendra cuider:
Ses messagers & luy bien attrapé,
Tout au rebours voit qui le bois fendroit.

XCIV.

Vn Roy iré sera aux sedifragues,
Quand interdicts seront harnois de guerre:
La poison taincte au sucre par les fragues
Par eaux meurtris,morts,disant serre serre.

Par

XCV.

Par detracteur calomnie à puis nay,
Quand istront faicts enormes & martiaux:
La moindre part dubieuse à l'aisnay,
Et tost au regne seront faicts partiaux.

XCVI.

Grande cité à soldats abandonnee,
On n'y eu mortel tumult si proche:
O quelle hideuse mortalité s'approche,
Fors vne offence n'y sera pardonnee.

XCVII.

Cinq & quarante degrez ciel bruslera
Feu approcher de la grand cité neuue
Instant grand flamme esparse sautera
Quand on voudra des Normans faire preuue.

XCVIII.

Ruyné aux Volsques de peur si fort terribles
Leur grand cité taincte, fait pestilent:
Piller Sol, Lune & violer leurs temples:
Et les deux fleuues rougir de sang coulant.

XCIX.

L'ennemy docte se trouuera confus.
Grand camp malade, & defaict par embusches,
Môts Pyrenees & Pœnus luy serôt faicts refus,
Proche du fleuue descouurant antiques roches
Legis cantio contra ineptos criticos
Quos legent hosce versus mature censunto,
Profanum vulgus & inscium ne astrictato:
Omnésque Astrologi, Blennis, Barbari procul sunto,
Qui aliter facit, is rite, sacer esto.

PRO

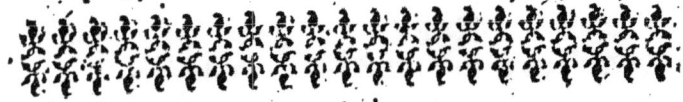

PROPHETIES
DE MAISTRE
Noſtradamus.
CENTVRIE VIE.

I.

L'Arc du threſor par Achilles deceu,
Aux procez ſceu la quadrangulaire:
Au ſaiſt Royal le comment ſera ſceu,
Corps veu pendu au veu du populaire.

II.

Par Mars ouuers Arles le donra guerre,
De nuiſt ſeront les ſoldats eſtonnez:
Noir,blanc à l'inde diſſimulez en terre,
Sous la fainte ombre traiſtres verrez & ſonnez.

III.

Apres de France la victoire naualle,
Les Barchinons Saillimons, les Phocens:
Lierre d'or, l'enclume ſerré dedans la balle,
Ceux de Ptolon au fraud ſeront conſens.

IV.

Le Duc de Langres aſſiegé dedans Dole,
Accompagné d'Autun & Lyonnois:
Geneue, Auſbourg, loing ceux de Mirandole,
Paſſer les monts contre les Ançonnois.

Vin

V.

Vin sur la table en sera respandu,
Le tiers n'aura celle qu'il pretendoit:
Deux fois du noir de Parme descendu,
Perouse à Pize fera ce qu'il cuidoit.

VI.

Naples Palerne, & toute la Sicille,
Par main Barbare sera inhabitee:
Corsique, Salethe & de Sardeigne l'Isle,
Faim, peste, guerre, fin de maux intentee.

VII.

Sur le combat des grands cheuaux legers,
On criera le grand croissant confond:
De nuict tuer, monts, habits de bergers,
Abismes rouges dans le fossé profond.

VII.

Florira, fuis, fuis le plus proche Romain,
Au Fesulan sera conflict donné:
Sans espandu, les plus grands prins à main,
Temple ne sexe ne sera pardonné.

IX.

Dame l'absence de son grand capitaine,
Sera priee d'amour du Vice Roy:
Fainte promesse & malheureuse estreine,
Entre les mains du grand Prince Baroy.

X.

Par le grand Prince limitrophe du Mas,
Preux & vaillant chef du grand exercite:
Par mer & terre de Gallots & Normans,
Caspre passer Barcelone pillé iste.

L'en

XI.

L'enfant Royal contemnera la mere,
Oiel,pieds blessez rude,inobeissant,
Nonuelle à dame estrange & bien amere,
Seront tuez des siens plus de cinq cens.

XII.

Le grand puisnay fera fin de la guerre
Aux dieux assemble les excuses:
Cahors,Moissac iront loing de la serre,
Refus Lestore,les Agenois rasez.

XIII.

De la cité marine & tributaire
La teste raze prendra la satrapie:
Chasser sordide qui puis sera contraire,
Par quatorze ans tiendra la tyrannie.

XIV.

Faux exposer viendra topographie,
Seront les cruches des monumens ouuertes:
Pulluler secte, saincte philosophie,
Pour blanches noires, & pour antiques vertes.

XV.

Deuant cité de l'Insubre contree,
Sept ans sera le siege deuant mis:
Le tres-grand Roy y fera son entree,
Cité puis libre hors de ses ennemis.

XVI.

Entree profonde par la grand Royne saicte
Rendra le lieu puissant inaccessible:
L'armee des trois Lyons sera deffaite,
Faisant dedans cas hideux & terrible.

Le

XVII.

Le Prince rare de pitié & clemence
Viendra changer par mort grand cognoissance,
Par grand repos le regne trauaillé,
Lors que le grand tost sera estrillé.

XVIII.

Les assiegez couloureront leurs paches,
Sept iours apres feront cruelle issuë,
Dans repoussez, feu, sang Sept mis à l'hache
Dame captiue qu'auoit la paix tissuë.

XIX.

Le fort Nicene ne sera combatu,
Vaincu sera par rutilant metal,
Son faict sera vn long temps debatu,
Aux citadins estrange espouuental.

XX.

Ambassadeurs de la Toscane langue,
Auril & May Alpes & mer passer
Celuy de veau exposera l'harangue,
Vie Gauloise ne venant effacer.

XXI.

Par pestilente inimitié Volsicque,
Dissimulee chassera le tyran:
Au pont de Sorgues se fera la traffique:
De mettre à mort luy & son adherant.

XXII.

Les citoyens de Mesopotamie
Ires encontre amis de Taroconne,
Ieux, rits, banquets, toute gent endormie
Vicaire au Rosne, prins cité, ceux d'Ausonne.

Le

XXIII.

Le Royal sceptre sera contrainct de prendre,
Ce que ses predecesseurs auoyent engagé
Puis que l'anneau on fera mal entendre,
Lors qu'on viendra le palais saccager.

XXIV.

L'enseuely sortira du tombeau,
Sera de chaines lie le fort du pont:
Empoisonné auec œufs de Barbeau,
Grand de Lorraine par le Marquis du Pont.

XXV.

Par guerre longue tout l'exercice expulser,
Que pour soldats ne trouueront pecune,
Lieu d'or, d'argent, cuir on viendra cuser,
Gaulois ærain, siege, croissant de Lune.

XXVI.

Fustes & galeres autour de sept nauires,
Sera liuree vne mortelle guerre:
Chef de Madric receura coup de vires;
Deux eschapees, & cinq menees à terre.

XXVII.

Au cainct de Vast la grand caualerie,
Proche à Ferrage empeschee au bagage:
Prompt à Turin feront tel vòlerie,
Que dans le fort rauiront leur hostage.

XXVIII.

Le capitaine conduira grande proye,
Sur la montagne des ennemis plus proche:
Enuironné par feu fera telle voye,
Tous eschappez, or trente mis en broche.

I

X X I X,

Le grand Duc l'Albe se viendra rebeller,
A ses grands peres fera le tradiment:
Le grand de Guise le viendra deceler,
Captif mené & dressé mouuement.

X X X.

Le sac s'approche, feu grand sang espandu
Po,grands fleuues aux bouuiers l'entreprise,
De Gennes,Nice apres l'on attendu,
Fouslan,Turin,à Sauillan la prinse.

X X X I.

De Languedoc,& Guienne plus de dix
Mille voudront les Alpes repasser:
Grands Allobroges marcher contre Brundis
Aquin & Bresse les viendront recasser.

X X X I I.

Du mont Royal naistra d'vne casane,
Qui caue,& compte viendra tyranniser:
Dresser copie de la marche Millane,
Fauene,Florence d'or & gens espuiser,

X X X I I I.

Par fraude regne forces expolier,
La classe,obsesse,passages à l'espie.
Deux saincts amys seviendront taillier,
Esueiller hayne de long temps assoupie.

X X X I V.

En grand regret sera la gent Gauloise,
Cœur vain,leger croira temerité:
Pain,sel,ne vin,eau,venin,ne ceruoise,
Plus grand captif,faim,froid,necessité.

La

XXXV.

La grande pefche viendra plaindre, plôrer,
D'auoir efleu, trompez feront en l'aage
Guiere auec eux ne voudra demourer,
Deceu fera par ceux de fon langage.

XXXVI.

Dieu, le ciel tout le diuin verbe a l'onde,
Porté par rouges fept razes à Bizance:
Contre les qingt trois cens de Trebifconde
Deux loix mettront & horreur, puis credence.

XXXVII.

Dix enuoyez, chef de nef mettre à mort,
D'vn aduerty en claffe guerre ouuerte:
Confufion chef l'vn fe picque & mord.
Leryn, ftecades nefs, cap dedans la nerte.

XXXVIII.

L'aifné Royal fur courfier voltigeant,
Picquer viendra, fi rudement courir
Gueulle, lipee, pied dans l'eftrein pleignant,
Trainé, tiré, horriblement mourir.

XXXIX.

Le conducteur de l'armee Françoife,
Cuidant perdre le principal phalange:
Par fus paué de l'auaigne & d'ardoife,
Soy parfondra par Gennes gent eftrange.

XL.

Dedans tôneaux hors oingts d'huile & greffe
Seront vingt vn deuant le port fermez
Au fecond guet par mort feront prouëffe:
Gaigner les portes, & du guet affommez.

XLI.

Les os des pieds & des mains enferrez,
Par bruit maison long temps inhabitee,
Seront par songes concauant deterrez,
Maison salubre & sans bruit habitee.

XLII.

Deux de poison saisis nouueaux venus
Dans la cuisine du grand Prince verser:
Par le souillard tous deux au faict cogneus,
Prins qui cuidoit mott l'aisné vexér.

F I N.

LES
PROPHETIES
DE M· MICHEL
NOSTRADAMVS.
⁎

Centuries VIII. IX. X.

Qui n'ont encores iamais esté
imprimees.

A LYON,
PAR IEAN POYET.

A L'INVICTISSIME,

TRES-PVISSANT, ET TRES-Chrestien Henry Roy de France second : Michel Nostradamus tres-humble, & tres-obeyssant seruiteur & subiect, victoire & felicité.

POVR icelle souueraine obseruation que i'ay eu, ô Tres-Chrestien & tres-victorieux Roy, depuis que ma face estant long temps obnubilee se presente au deuant de la deité de vostre maiesté immesuree, depuis en ça i'ay esté perpetuellement esblouy, ne desistant d'honorer & dignement venerer iceluy iour que premierement deuant icelle ie me presentay, comme à vne singuliere majesté tant humaine. Or cerchànt quelque occasion par laquelle ie peusse manifester le bon cœur & franc courage, que moyénant iceluy mon pouuoir eusse faict ample extension de cognoissance enuers vostre serenissime maiesté. Or voyant que par effets le déclarer ne m'estoit possible, ioint auec mon singulier de-

J 4

fir de ma tant longue obtenebration & obfcu-
rité, eftre fubitement efclarcie & tranfportee
au deuant de la face du fouuerain œil, & du
premier monarque de l'vniuers, tellement que
i'ay efté en doute longuement à qui ie vien-
drois confacrer ces trois Centuries du reftant
de mes Propheties, paracheuant la milliade &
apres auoir longuement cogité d'vne temeraire audace, ay prins mon addreffe enuers voftre Maiefté, n'eftant pour cela eftonné, comme raconte le grauiffime aucteur Plutarque en
la vie de Lycurgue, que voyât les offres & pre-
fens qu'on faifoit par facrifices aux temples des
dieux immortels d'iceluy temps, & à celle fin
que l'on ne s'eftonnaft par trop fouuent defdi-
ctes fraiz & mifes ne s'ofoyent prefenter aux
temples. Ce nonobftant voyant voftre fplen-
deur Royalle, accompagnee d'vne incomparab-
ble humanité ay prins mon addreffe, non comme aux Roys de Perfe, qu'il n'eftoit nullement
permis d'aller à eux, ny moins s'en approcher.
Mais, à vn tres-prudét, à vn treffage Prince, i'ay
confacré mes nocturnes & prophetiques fup-
putatiôs, compofees pluftoft d'vn naturel
inftinct: accompagné d'vne fureur poëtique,
que par reigle de poëfie, & la plus part compofé & accordé à la calculatiô Aftronomique,
correfpondant aux ans, moys & fepmaines des
regions, contrees, & de la plúfpart des villes &
firez de toute l'Europe, comprenant de l'Affrique,

que , & vne partie de l'Afie par le changement
des regions , qui s'approchent la plus part de
tous ces climats,& composé d'vne naturelle fa-
ction:refpōdra quelqu'vn qui auroit bié befoin
de foy moucher , la rithme eſtre autant facile,
comme l'intelligence du fens eſt difficile. Et
pource, ô tres-humaniſſime Roy , la plus part
des quatrins prophetiques ſont tellement ſca-
breux , que l'on n'y ſçauroit donner voye ny
moins aucuns interpreter , toutesfois eſperant
de laiſſer par vſcrit les ans,villes, citez, regiós,
ou la plus part aduiendra , meſme de l'annee
1585. & de l'annee 1606. accommençant depuis le tēps preſēt,qui eſt le 14.de Mars 1557.
& paſſant outre bien loing iuſques à l'aduenement qui ſera apres au commencement du 7.
millenaire profondement ſupputé,tāt que mon
calcul aſtronomique & autre ſçauoir s'a peu
eſtendre où les aduerſaires de Ieſus-Chriſt &
de ſon Egliſe:commenceront plus fort de pulluler,le tout a eſté composé & calculé en iours
& heures d'election & bien diſpoſees,& le plus
iuſtement,qu'il m'a eſté poſſible.Et le iour *Mi-*
nerua libera,& non inuita ſupputant preſque autant des aduentures du temps aduenir, comme
des aages paſſez,comprenant de preſent , & de
ce que par le cours du temps par toutes regions
l'on cognoiſtra aduenir,tout ainſi nommemēt,
comme il eſt eſcrit n'y meſlant rien de ſuperflu,
combien que l'on dit : *Quod de futuris non eſt de-*

I 5

tenminata omnino veritas. Il eſt bié vray, Sire que
pour mon naturel inſtinct qui m'a eſté donné
par mes auites ne cuidant preſager, & adiou-
ſtant & accordant iceluy naturel inſtinct auec
ma longue ſupputation vny, & vuidant l'ame,
l'eſprit, & le courage de toute cure, ſolicitude,
& faſcherie par repos & tranquilité de l'eſprit.
Le tout accordé & preſagé l'vne partie *triſticie*
anno. Combien qu'ils ſont pluſieurs qui m'attri-
buent ce qu'eſt autant à moy, comme de ce que
n'en eſt rié, Dieu ſeul eternel, qui eſt perſcruta-
teur des humains courages pie, iuſte, & miſeri-
cordieux, eſt le vray iuge, auquel ie prie qu'il
me vueille defendre de la calomnie des meſ-
chans qui voudroyent auſſi calomnieuſement
s'enquerir pour quelle cauſe tous vos antiquiſ-
ſimes progeniteurs Roys de France ont guéry
des eſcroüelles, & des autres nations ont guéry
de la morſure des ſerpens, les autres ont eu cer-
tain inſtinct de l'art d'iuinatrice, & d'autres cas
qui ſeroyét loing icy à racópter. Ce nonobſtant
ceux à qui la malignité de l'eſprit malin ne ſera
cóprins par le cours du temps apres la terren-
ne mienne extinctió, plus ſera mon eſcrit qu'à
mon viuát cependant ſi à ma ſupputation des
aages ie faillois on ne pourroit eſtre ſeló la vo-
lóté d'aucuns. Plaira à voſtre plus qu'imperialle
Maieſté me pardonner proteſtant deuant Dieu
& ſes ſaincts, que ie ne pretends de mettre rien
quelcóque par eſcrit en la preſente epiſtre, qui
                                                        ſoit

foit contre la vraye foy Catholique,conferant
les calculations Aftronomiques, iouxte mon
fçauoir:car l'efpace du temps de nos premiers,
qui nous ont precedez font tels,me remettant
fous la correction du plus fain iugement, que
le premier homme Adam fut deuant Noé enuiron mille deux cens quaráte deux ans ne com-
putant les temps par la fupputation des Gétils,
comme a mis par efcrit Varron:mais tant feu-
lement felon les facrees Efcriptures, & felon la
foiblefle de mon efprit, en mes calculations
Aftronomiques. Apres Noé, de luy & de l'vni-
uerfel deluge, vint Abraham enuiró mille hui-
ctante ans,lequel a efté fouuerain Aftrologue,
felon aucuns,il inuéta premier les lettres Chal-
daïques : apres vint Moyfe enuiron cinq cens
quinze ou feize ans,& entre le temps de Dauid
& Moyfe ont efté cinq cens feptante ans là en-
uiron.Puis apres entre le temps de Dauid, & le
temps de noftre fauueur & redempteur Iefus-
Chrift,nay de l'vnique Vierge,ont efté (felon
aucuns Cronographes)mille trois cens cinqná-
te ans:pourra objecter quelqu'vn cefte fupputa
tion n'eftre veritable, pource qu'elle differe à
celle d'Eufebe. Et puis le temps de l'humaine
redéption iufques à la feduction deteftable des
Sarrazins,font efté fix cens vingt & vn an , là
enuiron,depuis en çà l'on peut facilement col-
liger quels temps font paffez,fi la mienne fup-
putatió n'eft bonne &valable par toutes natiós,

pource

pource, que tout a esté calculé par le cours celeste, par association d'esmotiõ infuse à certai-
nes heures delaissées par l'esmotion de mes antiques progeniteurs. Mais l'iniure du temps, ô
serenissime Roy, requiert que tels secrets euenemens ne soyết manifestez que par enigmati-
que sentence, n'ayant qu'vn seul sens, & vnique
intelligence, sans y auoir rien mis d'ambigue
n'amphibologique calculation : mais plustost
sous obnubilée obscurité par vne naturelle in-
fusion approchant à la sentence d'vn des mille
& deux Prophetes, qui ont esté depuis la creation du mõde, iouxte la supputation & Chroni-
que punique de Ioël, *Dffundam spiritũ mẽ super*
omnem carnem, & prophetabunt filij vestri, & filia ve-
stra. Mais telle Prophetie procedoit de la bouche du S. Esprit, qui estoit la souueraine puissance eternelle, adioincte auec la celeste à d'aucuns de ce nombre ont predit de grandes & es-
meruelllables aduétures: Móy en cest endroict
ie ne m'attribue nullement tel tiltre, ia à Dieu
ne plaise, ie confesse bien que le tout vient de
Dieu, & luy en rends graces, honneur & louan-
ge immortelle, sans y auoir meslé de la diuina-
tion que prouient à *fato*: mais *à Deo, à natura*, &
la plusparr accompagnee du mouuement du
cours celeste, tellement que voyant cõme dans
vn miroüer ardent, comme par vision obnubilee, les grands euenemens tristes, prodigieux, &
calamiteuses aduentures qui s'approchent par
les

les principaux culteurs.Premierement des temples de Dieu, secondement par ceux qui sont
terrestremēt soustenus s'approcher telle deca-
dence, auecques mille autres calamiteuses aduentures,que par le cours du temps on cognoistra aduenir: car Dieu regardera la lōgue steri-
lité de la grand dame, qui puis apres conceura
deux enfans principaux ; mais elle periclitant,
celle qui luy sera adioustee par la temerité de
l'aage de mort periclitāt dedans le dixhuictief-
me, ne pouuant passer le trentesixiesme qu'en
delaissera trois masles,& vne femelle,& en aura
deux, celuy qui n'en eut iamais d'vn mesme
pere, de trois freres seront telles differences,
puis vnies & accordees, que les trois & quatre
parties de l'Europe trembletōt:par le moindre
d'aage sera la monarchie Chrestiēne soustenue
& augmētee:sectes esleuees, & subitemēt abais-
sees,Arabes reculez,Royaumes vnis, nouuelles
Loix promulguees:des autres enfans le premier
occupera les Lions furieux couronnez, tenans
les pattes dessus les armes intrepidez. Le secōd
se profondera si auant par les Latins accompagné,que sera faicte la seconde voye tremblante
& furibonde au mont. Iouis descendant pour
monter aux Pyrennees ne sera translatee à l'antique monarchie,sera faicte la troisiesme innō-
dation de sang humain, ne se trouuera de long
temps Mars en Caresme.Et sera donnee la fille
par la conseruatiō de l'Eglise Chrestiēne tom-
bant:

bant son dominateur à la paganisme secte des
nouueaux infidelles elle aura deux enfans, l'vn
de fidelité,& l'autre d'infidelité par la côfirma-
tion de l'Eglise Catholique, Et l'autre qui à sa
grande confusion & tarde repentance la voudra
ruiner,feront trois regions par l'extreme diffe-
rence des ligues, c'est assauoir la Romaine, la
Germanie, l'Espagne,qui feront diuerses sectes
par main militaire,delaissant le 50. & 52. degrez de hauteur, & feront tous hommage des
religions loingtaines aux regions de l'Europe
& de Septentrion de 48.degrez d'hauteur, qui
premier par vaine timidité tremblera, puis les
plus occidentaux, meridionaux , & orientaux
tremblerôt,telle sera leur puissance,que ce qui
se fera par concorde & vnion insuperable des
conquestes belliques.De nature feront esgaux:
mais grandement differents de foy.Apres cecy
la Dame sterille de plus grande puissance que
la seconde sera receüe par deux peuples, par le
premier obstiné par celuy qui à eu puissance
sur tous,par le deuxiesme&par le tiers qui esté-
dra ses forces vers le circuit de l'Oriét de l'Europe aux pannons l'a profligé & succôbé & par
voile marine fera ses extensions,à la Trinacrie
Adriatique par Mirmidon, & Germaniques du
tout succombé,& fera la secte Barbarique du
tout des Latins grandement affligee & dechaf-
fee.Puis le grand Empire de l'Antechrist commencera dans la Atila & Zerses descendre en
nom

nombre grand & innumerable, tellement que
la venue du sainct Esprit procedant du 48. degré, fera transmigration, dechassant à l'abomination de l'Antechrist, faisant guerre contre le
royal qui sera le grand Vicaire de Iesus-Christ,
& contre son Eglise, & son regne *per tempus, &*
in occasione temporis. & precedera deuant vne
eclypse solaire le plus obscur, & le plus tenebreux, qui soit esté depuis la creation du mode
iusques à la mort & passion de Iesus-Christ, &
de la iusques icy, & sera au moys d'octobre que
quelque grade translatió sera faicte, & telle que
l'on cuidera la pesanteur de la terre auoir perdu
son naturel mouuemént, & estre abismee en
perpetuelles tenebres, seront precedens au teps
vernal, & s'en ensuyuant apres d'extremes chá-
gemens, permutations de regnes, par grand
tremblement de terre, auec pullulation de la
neufue Babylonne, fille miserable augmentee
par l'abomination du premier holocauste, & ne
tiendra tant seulement septante trois ans, sept
moys, puis apres en sortira du tige celle qui
auoit demeuré tant long teps sterille, procedát
du cinquantiesme degré, qui renouuellera
toute l'Eglise Chrestienne. Et sera faicte grande paix vnion & cócorde entre vns des enfans
des fronts esgarez, & separez par diuers regnes sera faicte telle paix que demeurera at-
taché au plus profond baratre le suscitateur
& promoteur de la martiale faction par la di-
uersi

uerſité des religieux, & ſera vny le Royaume
du Rabieux:qui côtrefera le ſage.Et les côtrees
villes, citez, regnes, & prouinces qui auront
laiſſé les premieres voyes pour le deliurer,ſe ca
friuant plus profondemét ſeront ſecrettement
Jaſchez de leur liberté, & parfaicte religion
perdue, commenceront de frapper dans la partie gauche,pour retourner à la dextre,& remettant la ſaincteté profligee de long temps, auec
peur priſtin eſcrit, qu'apres le grand chien ſortira le plus gros maſtin, qui ſera deſtruction de
tout, meſmes de ce qu'au parauāt ſera eſté per-
petré, ſeront redreſſez les temples comme au
premier téps, & ſera reſtitué le clerc à ſon priſtin eſtat,& commencera à meretricquer & lu-
xurier,faire & cômettre mille forfaits. Et eſtāt
proche d'vne autre deſolation, par lors qu'elle
ſera à ſa plus hauté & ſublime dignité ſe dreſſe-
ront de potentats & mains militaires & luy ſeront oſtez les deux glaiues,& ne luy demeurera que les enſeignes, deſquelles par moyen de
la curuature qui les attire, le peuple le faiſant
aller droict,& ne voulât ſe condeſcendre à eux
par le bout oppoſite de la main aigue,touchant
terre, voudront ſtimuler iuſques à ce que
naiſtra d'vn rameau de la ſterile de lôg temps,
qui deliurera le peuple vniuers de celle ſeruitude benigne & volontaire, ſoy remettant à la
protection de Mars ſpoliant Iupiter de tous ſes
hôneurs & dignitez, pour la cité libre, conſti-
tuee

tuee & affise dans vn autre exigue Mezopota-
mie.Et fera le chef & gouuerneur ietté du milieu,& mis au lieu de l'air,ignorant la confpi-
ration des coniurateurs , auec le fecond Trafi-
bulus,qui de long temps aura manié tout cecy:
Alors les immundicitez des abominations feront par grande honte obiectees & manife-
ftees aux tenebres de la lumiere obtenebre,cef-
fera deuers la fin du changement de fon regne,
& les clefs de l'Eglife feront en arriere de l'a-
mour de Dieu, & plufieurs d'entre eux apofta-
ftatizeront de la vraye foy,& de trois fectes celle
du milieu , par les culteurs d'icelle,fera vn peu
mis en decadençe. La prime totallement par
l'Europe,la plus part de l'Affrique exterminee
de la tierce , moyennant les pauures d'efprit,
que par insefez efleuez par la luxure libidineu-
fe adultereront. La plebe fe leuera fouftenant,
dechaffera les adheras des legiflateurs , & fem-
blera que les regnes affoiblis par les Orientaux
que Dieu le Createur aye deflé Satan des prifons infernalles,pour faire naiftre le grád Dog
& Dohan , lefquels feront fi grande fraction
abominable aux Eglifes,que les rouges ne les
blancs fans yeux ne fans mains plus n'en iuge-
ront,& leur fera oftee leur puiflance,Alors fera
faicte plus de perfecutió aux Eglifes,que ne fut
iamais. Et fur ces entrefaictes naiftra la peftilence fi grande que trois pars du monde plus
que les deux defaudront. Tellement qu'on ne

K

se sçaura, cognoistre ne les appartenans des champs & maisons, & naistra l'herbe par les ruës des cités plus haute que les genoux : Et au clergé sera faicte toute desolation, & vsurperont les martiaux ce que sera retourné de la cité du Soleil de Melite, & des isles Stechades, & sera ouuerte la grãd chaisne du port qui prẽd sa denomination au bœuf marin. Et sera faite nouuelle incursion par les maritimes plages, volãt le saut Castulum deliurer de la premiere reprinse Mahumetane. Et ne seront de leurs assaillemens vains, & au lieu que iadis fut l'habitation d'Abraham, sera assaillie par personnes qui auront en veneration les Iouialistes. Et icelle cité d'Achem sera enuironnee, & assaillie de toutes parts en tresgrande puissance de gens d'armes. Seront affoiblies leurs forces maritimes par les Occidentaux. Et à ce regne sera faicte grande desolation, & les plus grandes citez seront depeuplees, & ceux qui entreront dedans seront comprins à la vengeance de l'ire de Dieu. Et demeurera le sepulchre dé tant grande veneration par l'espace de long temps soubs le serain à l'vniuerselle vision des yeux du Ciel, du Soleil, & de la Lune. Et sera conuerty le lieu sacré en ebergement de troupeau menu & grand, & adapté en substances prophanes. O quelle calamiteuse affliction sera par lors aux femmes enceintes : & sera par lors du principal chef Oriental, la plus part esmeu

par

par les Septentrionaux & Occidentaux vaincu,
& mis à mort, profligez, & le reste en fuite, & ses
enfans de plusieurs femmes emprisonnez, &
par lors sera accomplie la Phophetie du Royal
Prophete : *Vt audires gemitus compeditorum, vt
solueres filios interemptorum.* Quelle grande op-
pression que par lors sera faicte sur les Princes
& gouuerneurs des Royaumes, mesmes de
ceux qui seront maritimes & Oriétaux, & leurs
langues entremeslees à grande societé : la langue des Latins & des Arabes par la communi-
cation Punique, & seront tous ces Roys Orientaux chassez, profligez, exterminez, nõ du tout
par le moyen des forces des Roys d'Aquilon &
par la proximité de nostre siecle par moyen des
trois vnys secrettemét cerchant la mort, & in-
sidies par embusches l'vn de l'autre, & durera le
renouuellement de *T. I. muirat* sept ans, que la
renommee de telle secte sera son estenduë par
l'vniuers, & sera soustenu le sacrifice de la saincte & immaculee hostie : & seront lors les Seigneurs deux en nombre d'Aquilon, victorieux
sur les Orientaux, & sera en iceux faict si grand
bruit & tumulte bellique, que tout iceluy. O-
rient tremblera de la frayeur d'iceux freres,
non freres Aquilonaires. Et pource, Sire, que
par ce discours ie mets presque confusemént
es predictions, & quand ce pourra estre & l'aduenement d'iceux, pour le denombrement du
temps que s'ensuit, qu'il n'est nullemét ou bien

K 2

peu conforme au superieur : lequel tant par
voye Astronomique, que par autres mesmes des
sacrees escritures, qui ne peuuent faillir nullement, que si ie voulois à vn chacun quatrain
mettre le denombrement du temps, ie pourroit faire : mais à tous ne seroit agreable, ne
moins les interpreter iusques à ce, Sire, que
vostre Majesté m'aye octroyé ample puissance pour ce faire, pour ne donner cause aux ca-
lomniateurs de me mordre. Tontesfois con-
tans les ans depuis la creation du monde, iusques à la naissance de Noë, sont passez milcinq
cens & six ans, & depuis la naissance de Noë
iusques à la parfaicte fabricatiõ de l'arche, approchant de l'vniuerselle mondation, passerent
six cens ans (si les dõs estoyẽt Solitaires ou Lunaires, ou des dix mixtions) ie tiens ce que les
sacrees escriptures tiennent qui estoyent Solai-
res. Et à la fin d'iceux six ans Noë entra dans
l'arche pour estre sauué du deluge, & fut iceluy deluge, vniuersel sur la terre, & dura vn an
& deux mois. Et depuis la fin du deluge iusques
à la natiuité d'Abraham, passa le nombre des
ans de deux cens nonãte cinq. Et depuis la natiuité d'Abraham iusques à la natiuité d'Isaac,
passerent cent ans. Et depuis Isaac iusques à Iacob, soixãte ans dés l'heure qu'il entra en Egypte iusques à l'yssue d'iceluy passerent cent trẽ-
te ans. Et depuis l'entree de Iacob, en Egypte
iusques à l'issue d'iceluy, passerent quatre cent
trente

trente ans. Et depuis l'yſſue d'Egypte iuſques
à l'edification du Temple faicte par Salomon
au quatrieſme an de ſon regne , paſſerent quatre cens octâte ou quatre vingts ans. Et depuis
l'edification du temple iuſques à Ieſus-Chriſt
ſelon la ſupputation des hierographes , paſſe-
ront quatre cens nonante ans. Et ainſi par ce-
ſte ſupputation que i'ay faicte, colligee par les
ſacrees lettres, ſont enuiron quatre mille cent
ſeptante trois ans & huict mois, peu ou moins:
Or de Ieſus-Chriſt en ça par la diuerſité des ſectes ie laiſſe , & ayant ſupputé & calculé les
preſentes Propheties, le tout ſelon l'ordre
de la chaiſne qui contient ſa reuelation , le
tout par doctrine Aſtronomique, & ſelon mon
naturel inſtinct, & apres quelque temps & dans
ice'uy comprenant depuis le temps que Saturne qui tournera entre à ſept du mois d'Auril,
iuſques au 15. d'Aouſt Iupiter à 14. de Iuin
iuſques au 7. Octobre. Mars depuis le 17. d'A-
uril, iuſques au 22. de Iuin , Venus depuis le 9.
d'Auril iuſques au 22. de May, Mercure depuis le 3. de Feurier, iuſques au 24. dudit. En
apres le premier de Iuin , iuſques au 24. dudit,
& du 25. de Septembre , iuſques au 16. de
Octobre , Saturne en Capricorne, Iupiter en
Aquarius , Mars en Scorpio , Venus en Piſces,
Mercure dans vn moys en Capricorne , Aquarius , & piſces, la lune en Aquarius la teſte du
Dragon en Libra: la queüe a ſon ſigne oppoſi-

K 3

te fuyuant vne conionction de Iupiter à Mercure auec vn quadrin aspect de Mars à Mercure, & la teste du Dragon sera auec vne conionction du Soleil à Iupiter, l'annee sera pacifique sans eclypse,& non du tout,& sera le commencement comprenant ce de ce que durera & cõmençant icelle annee sera faicte plus grande persecution à l'Eglise Chrestienne,que n'a esté faicte en Afrique,& durera ceste icy iusques, à l'an mil sept cens nonáte deux que l'on cuydera estre vne renouation de siecle : apres commencera le peuple Romain de se redresser , & de chasser quelques obscures tenebres,receuant quelque peu de leur pristine clarté , non sans grande diuision & continuel changement. Venise en apres en grande force & puissance leuera ses aisles si tres-haut, ne disant gueres aux forces de l'antique Rome. Et en iceluy temps grandes voyles Bisantines associees aux Ligustiques par l'appuy & puissance Aquilonaire, donnera quelque empeschement que des deux Cretenses ne leur sera la Foy tenuë. Les arcs edifiez par les antiques Martiaux, s'accompagnerõt aux ondes de Neptune. En l'Adriatique sera faicte discorde grande ce que sera vny sera separé, approchera de maison ce que parauent estoit & est grande cité, comprenant le Pompotam la Mesopotamie de l'Europe à quarante cinq & autres de quarante vn , quarante deux,& trente sept. Et dans iceluy temps,& en
icelles

icelles contrees la puiſſance infernale mettra
à l'encontre de l'Egliſe de Ieſus-Chriſt la puiſſance des aduerſaires de ſa loy , qui ſera le ſe-
cond Antechriſt,lequel perſecutera icelle Egliſe & ſon vray Vicaire,par moyen de la puiſſance des Roys temporels,qui ſerôt par leur igno-
rance ſeduict par langues , qui trencheront
plus que nul glaiue entre les mains de l'inſen-
sé. Le ſuſdict regne de l'Antechriſt ne durera que iuſques au definement de ce nay pres
de l'aage & de l'autre à la cité de Plancus accompagnez de l'eſleu de Modone Fulcy, par
Ferrare , maintenu par Liguriens Adriatic-
ques , & de la proximité de la grande Trina-
crie:Puis paſſera le môt Iouis, Le Gallique og-
mium,accompagné de ſi grand nombre que de
bien loing l'Empire de ſa grande loy ſera preſenté, & par lors & quelque temps apres ſera
eſpanché profuſeement le ſang des Innocens
par les nocens vn peu eſleuez:alors par grands
deluges la memoire des choſes contenues de
tels inſtrumens receura innumerable perte,
meſmes les lettres : qui ſera deuers les Aquilonaires par la volonté diuine , & entre vne fôis
lié Satan. Et ſera faicte paix vniuerſelle entre
les humains , & ſera deliuree l'Egliſe de Ieſus-
Chriſt de toute tribulation, côbien que par les
Azos tains voudront meſler dedans le miel du
fiel,& leur peſtifere ſeduction : & cela ſera proche du ſeptieſme millenaire, que plus le ſan

K 4

ctuaire de Iesus Chrift ne fera conculqué par
les infideles qui viendront de l'Aquillon , le
monde approchant de quelque grande conflagration combien que par mes fupputations en
mes propheties , le cours du temps aille beaucoup plus loing. Dedans l'Epiftre que ces ans
paffez ay dedié à mon fils Cefar Noftradamus
i'ay affez appertement declaré aucuns poincts
fans prefage. Mais icy, ô Sire , font comprins
plufieurs grands & merueillieux aduenemens,
que ceux qui viendront apres le verrôt. Et durant icelle fupputation Aftrologique, conferee
aux facrees lettres, la perfecution des gens Ecclefiaftiques prendra fon origine par la puiffance des Roys Aquilonaires , vnis auec les
Orientaux. Et cefte perfecution durera onze
ans, quelque peu moins, que par lors defaillira
le principal Roy Aquilonaire , lefquels ans accomplis furuiendra fon vny Meridional , qui
perfecutera encore plus fort par l'efpace de
trois ans les gens d'Eglife, par la feductiõ apoftatique, d'vn qui tiendra toute puiffance abfoluë à l'Eglife militaire, & le fainct peuple de
Dieu obferuateur de fa loy, & tout ordre de religion fera grandement perfecuté & affligé tellement que le fang des vrais Ecclefiaftiques,
nagera par tout, & vn des horribles Roys temporels par fes adherans luy feront donnes telles loüanges, qu'il aura plus refpandu de fang
humain des innocens Ecclefiaftiques, que nul
ne

ne fçauroit auoir du vin:& iceluy Roy cómet-
tra de forfaicts enuers l'Eglife incroyables, cou-
lera le fang humain par les rues publiques , &
temples,comme l'eau par pluye impetueufe , &
rougiront de fang les plus prochains fleuues,&
par autre guerre nauale rougira la mer, que le
rapport d'vn Roy à l'autre luy fera dit : *Bellus
rubris nauslibus aquor* Puis dans la mefme année
& les fuiuantes s'en enfuiura la plus horrible
peftilence,& la plus merueilleufe par la famine precedente , & fi grandes tribulations que
iamais foit aduenue telle depuis la premiere
fondation de l'Eglife Chreftienne, & par toutes les regions Latines, demeurant par les ve-
ftiges en aucunes contrees des Efpaignes. Par
lors le tiers Roy Aquilonaire entédát la plain-
éte du peuple de fon principal tiltre, dreffera fi
grande armee,& paffera par les deftroits de fes
derniers auites & bifayeuls , qui remettra la
plus part en fon eftat,& le grand Vicaire de la
cappe fera remis en fon priftin eftat:mais defo-
lé, & puis du tout abandonné , & tournera
eftre *Sancta fanctorum* deftruicte par Paganifme
& le vieux & nouueau Teftament ferót dechaf-
fez,bruflez,en apres l'Antechrift fera le prince infernal,encores par la derniere foy trem-
bleront tous les Royaumes de la Chreftienté,
& auffi des infideles,par l'efpace de vingt cinq
ans,& feront plus grieues guerres & batailles,
& feront villes,citez,chafteaux , & tous autres

K   5

edifices bruſlez,deſolez,deſtruicts , auec grande effuſion de ſang veſtal , mariees , & veſues
violees,enfans de laict contre les murs des villes allidez & briſez , & tant de maux ſe com-
mettront par le moyen de Satan,prince infernal que preſque le monde vniuerſel ſe trouuera defaict & deſolé:&auant iceux aduenemens
aucuns oyſeaux inſolites crieront par l'air,Huy
huy, & ſeront apres quelque temps eſuanouys.
Et apres que tel temps aura duré longuement,
ſera preſque renouuellé vn autre regne de Saturne,& ſiecle d'or,Dieu le createur dira enté-
dant l'affliction de ſon peuple,Satan ſera mis,&
lié dans l'abyſme du barathre dans la profonde
foſſe:& adonc commencera entre Dieu & les
hommes vne paix vniuerſelle,& demeurera lié
enuiron l'eſpace de mille ans, & tournera en ſa
plus grande force, la puiſſance Eccleſiaſtique,
& puis tourne deſlié.

Que toutes ces figures ſont iuſtement ada-
ptees par les diuines lettres aux choſes celeſtes
viſibles,c'eſt à ſçauoir, par Saturne, Iupiter, &
Mars , & les autres conioincts, comme plus à
plain par aucuns quadrains l'on pourra voir.Ie
euſſe calculé plus profondement, & adapté les
vns auecques les autres. Mais voyant, ô Sereniſſime Roy,que quelqu'vns de la ſenſure trouueront difficulté , qui ſera cauſe de retirer ma
plume à mon repos nocturne, *Multa etiam,ô rex*
omnium potentiſſime præclara & ſanè in breui ven-
ſura,

tua, sed omnia in hac tua epistola innectere non possumus, nec volumus, sed ad intelligenda quædam facta horrida fata, pauca libanda sunt, quamuis santa sit in omnes tua amplitudo & humanitas homines, deoq; pietas, vt solus amplissimo & Christianissimo Regis nomine; & ad quem summa totius religionis auctoritas deferatur dignus esse videare. Mais tant seulement ie vous requiers, ô Roy tres-clément; par icelle voſtre ſinguliere & prudente humanité, d'entendre pluſtoſt le deſir de mon courage, & le ſouuerain eſtude que i'ay d'obeyr à voſtre Sereniſſime Maieſté, depuis que mes yeux furent ſi proches de voſtre ſplendeur Solaire, que la grădeur de mon labeur n'attainct, ne requiert. De Salon, ce 27. de Iuin, 1558.

Faciebat Michaël Noſtradamus Salonæ Petræ Prouincia.

PRO

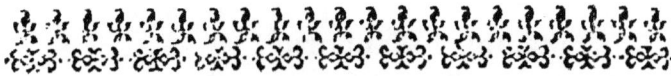

PROPHETIES
DE MAISTRE
Noſtradamus.

CENTVRIE VIII.

I.

AV, NAY, LORON plus feu qu'à
ſang ſera,
Laude nager, fuir grand aux ſurrez:
Les agaſſas entrée refuſera,
Pampon, Durance les tiendra enſerez.

II.

Condon & aux & autour de Mirande
Ie voy du ciel feu qui les enuironne:
Sol Mars conioint au Lyon puis Marmande
Foudre, grand greſle, mur tombe dans Garóne:

III.

Au fort chaſteau de Vigilanne & Reſuiers
Sera ſerré le puiſnay de Nancy:
Dedans Turin feront ards les premiers
Lors que de dueil Lyon ſera tranſy.

IV.

Dedans Monech le coq ſera receu,
Le Cardinal de France apparoiſtra
Par Logation Romain ſera deçeu,
Foibleſſe à l'Aigle, & force au Coq naiſtra.

Appa

V.

Apparoiſtra temple luiſant orné,
La lampe & cierge à Borne & Bretueil:
Pour la lucerne le canton deſtourné,
Quand on verra le grand Cop au cercueil.

VI.

Clarté fulgure à Lyon apparante
Luyſant,print Malte,ſubit ſera eſteinte:
Sardon.Mauris traictera deceuanté,
Geneue à Londes à Coq trahiſon ſainte.

VII.

Verceil,Milan donna intelligence
Dedans Tycin ſera faicte la playe,
Courir par Saine eau,ſang,feu par Florence,
Vnique cheoir d'haut en bas faiſant maye.

VIII.

Pres de Linterne dans de tonnes fermez,
Chiuaz fera pour l'Aigle la menee,
L'eſleu chaſſé luy ſes gens enfermez,
Dedans Turin rapt eſpouſe emmenee.

IX.

Pendant que l'Aigle & le Coq à Sauone
Seront vnis,Mer,Leuant & Ongrie,
L'armee à Naples,Palerne,Marque d'Ancone,
Rome, Veniſe par Barbe horrible crie.

X.

Puanteur grande ſortira de Lauſanne,
Qu'on ne ſçaura l'origine du fait.
L'on mettra hors toute la gent lointaine,
Feu veu au ciel,peuple eſtranger desfait.

Peuple

XI.

Peuple infiny paroiſtra à Vicence
Sans force,feu bruſler la baſilique:
Pres du Lunage desfait grand de Valence,
Lors que Veniſe par morte prendra pique.

XII.

Apparoiſtra aupres de Buffalorre
L'haut & procere entré dedans Milan,
L'Abbé de Foix auec ceux de ſainct.Morre
Feront la forbe habillez en vilan.

XIII.

Le croisé fere par amour effrence
Fera par Praytus Bellephoron mourir,
Claſſe à milans la femme forcenee
Beu breuuage,tous deux apres perir.

XIV.

Le grand credit d'or & d'argent l'abondance
Fera aueugler par libide l'honneur,
Sera cogneu d'adultere l'offence
Qui paruiendra à ſon grand deshonneur.

XV.

Vers Aquilon grands efforts par homaſſe
Preſque l'Europe & l'vniuers vexer,
Les deux eclypſes mettra en telle chaſſe,
Et aux Pannon vie & mort renforcer.

XVI.

Au lieu que HIERON fait ſa nef fabriquer,
Si grand deluge ſera & ſi ſubite,
Qu'on n'aura lieu ne terre s'attaquer,
L'onde monter Feſulan Olympique.

Les

XVII.

Les biens aifez fubit feront defmis,
Par les trois freres le monde mis en trouble.
Cité marine faifiront ennemis,
Faim, feu, fag pefte, & de tous maux le double.

XVIII.

De Flore iffue de fa mort fera caufe,
Vn temps deuant par ieune & vieille bueyre:
Car les trois lys luy feront telle paufe,
Par fon fruit fauue comme chair crue mueyre.

XIX.

A fouftenir la grand cappe troublee,
Pour l'efclarcir les rouges marcheront:
De mort famille fera prefque accablée,
Les rouges rouges fe rouge affommeront.

XX.

Le faux meffage par election feinte,
Courir par vrben rompre pache arrefte:
Voix acheptee, de fang chappelle teinte,
Et à vn autre l'empire contraicte.

XXI.

Au port de Agde trois fuftes entreront,
Pourtant l'infect, non foy & peftilence,
Paffant le pont mil milles embleront,
Et le pont rompre à tierce refiftance.

XXII.

Gorfan Narbonne, par le fel aduertir
Tucham, la grace Parpignan trahie,
La ville rouge n'y voudra confentir,
Par haute vol drap gris vie faillie.

Lettres

XXIII.

Lettres trouuees de la Royne les coffres,
Point de subscrit sans aucuns non d'autheur:
Par la police seront cachez les offre,
Qu'on ne sçaura qui sera l'amateur.

XXIIII.

Le lieutenant à l'entree de l'huys
Assommera le grand de Parpignan,
En se cuidant sauuer à Monpertuis,
Sera deceu bastard de Lusignan.

XXV.

Cœur de l'amant ouuert d'amour fortiue
Dans le ruisseau fera rauir la Dame:
Le demy mal contrefera lassiue,
Le pere à deux priuera corps de l'ame.

XXVI.

De Caton és trouues en Barcelonne,
Mys descouuert lieu retrouuers & ruyne:
Le grand qui tient ne tient voudra Pamplóne,
Par l'abbage de Monferrat bruyne.

XXVII.

La voye auxelle l'vne sur l'autre fornix
Du muy deser hormis braue & genest,
L'escript d'Empereur le fenix
Veu à celuy ce qu'à nul autre n'est.

XXVIII.

Les simulacres d'or & d'argent enflez,
Qu'apres le rapt au feu furent iettez,
Au descouuert estaincts tous & troublez,
Au marbre escripts,prescrips intergetez.

Au

XXIX.

Au quart pillier lon sacre à Saturne,
Par tremblant terre & deluge fendu:
Soubs l'edifice Saturnin trouuee vne,
D'or Capion rauy & puis rendu.

XXX.

Dedans Tholouse non loing de Beluzer,
Faisant vn puys loing, palais d'espectacle
Thresor trouué vn chacun ira vexer,
Et en deux loés tour & pres del vasacle.

XXXI.

Premier grand fruict le Prince de Pesquiere:
Mais puis viendra bien & eruel malin,
Dedans Venise perdra sa gloire fiere,
Et mis à mal par plus ioyué Celin.

XXXII.

Garde toy Roy Gaulois de ton nepueu,
Qui fera tant que ton vnique fils
Sera meurtry à Venus faisant vœu,
Accompagné de nuict que trois & six.

XXXIII.

Le grand naistra de Veronne & Vincence,
Qui portera vn surnom bien indigne:
Qui à Venise voudra faire vengeance,
Luy mesme prins homme de guet & sine.

XXXIV.

Apres Victoire du Lyon au Lyon
Sus la montaigne de IVRA Secatombe:
Delues & brodes septiesme million:
Lyon, Vlme à Mansol mort & tombe.

L.

XXXV.

Dedans l'entree de Garone & Bayſe
Et la foreſt non loing de Damazan
Du mar ſaues gelees,puis greſle & bize
Dordonnois gelle par erreur de meſan.

XXXVI.

Sera commis conte oindre aduché
De Saulne & ſainct Aulbin & bel l'œuure
Pauer de marbre de tours loings eſpluché
Non Bleteram reſiſter & chef d'œuure.

XXXVII,

La forsereſſe aupres de la Tamiſe
Cherra par lors le Roy dedans ſerré:
Aupres du pont ſera veu en chemiſe
Vn deuant mort,puis dans le fort barré.

XXXVIII.

Le Roy de Bloys dans Auignon regner
Vne autre fois le peuple emonopolle
Dedans le Roſne par murs ſera baignex
Iuſques à cinq le dernier pers de Nolle.

XXXIX.

Qu'aura eſté par prince Bizantin,
Sera tollu par prince de Tholouſes
La foy de Foix par le chef Tholentin
Luy faillira,ne refuſant l'eſpouſe,

XL.

Le ſang du Iuſte par Taurer la dauradе,
Pour ſe venger contre les Saturnins
Au nouueau lac plongeront la maynade,
Puis marcheront contre les Albanins.

XLI.

Esleu sera Renard ne sonnant mot,
Faisant le sait public viuant pain d'orge,
Tyrannizer apres tant à vn cop,
Mettant à pied des plus grands sur la gorge.

XLII.

Par auarice par force,& violence.
Viendra vexer les siens chef d'Orleans,
Pres sainct Memire assaut & resistance
Mort dans sa tante diront qu'il dort leans.

XLIII.

Par le decide de deux choses bastards,
Nepueu du sang occupera le regne,
Dedans lectoyre seront les coups de dards,
Nepueu par peur pliera l'enseigne.

XLIV.

Le procree nature dogmion,
De sept à neuf du chemin destorner:
A toy de longuë & amy aumy hom.
Doit à Nauarre fort de P A V prosterner,

XLV.

La main eschappe & la iambe bandée,
Longs puis nay de Calais porteraj
Au mot du guet la mort sera tardee,
Puis dans le temple à Pasque saignera.

XLVI.

Pol mensolee mourra trois lieües du rosne,
Fuis les deux prochains tarase destrois:
Car Mars fera le plus horrible trosne,
De coq & d'aigle de France freres trois.

XLVII.

Lac Tranſmenien portera teſmoignage,
Des coniurez ſarez dedans Peroufe:
Vn defpolle contrefera le ſage,
Tuant Tedeſque ſterne & minuſe.

XLVIII.

Saturne en Cancer, Iupiter auec Mars,
Dedans Feurier Chaldondon ſaluterre,
Saut Caſtallon aſſailly de trois pars,
Pres de Verbieſque conflit mortelle guerre.

XXIX.

Satur au fic ou fi oue en l'eau, Mars en fleiche,
Six du Feurier mortalité donra,
Ceux de Tardaigné à Brugo ſi grand breche,
Qu'à Ponterofo chef Barbarin mourra.

L.

La peſtilence l'entour de Capadille,
Vne autre faim pres de Sagont s'apprefte:
Le cheualier baſtard de bon ſenille,
Augrand de Thunes fera trancher la teſte.

LI.

Le Binzautin faiſant oblation,
Apres auoir Cordube à ſoy reprinfe:
Son chemin long repos pamplation,
Mer paſſant proy par la Golongna prinſe.

LII.

Le Roy de Bloys dans Auignon regner,
D'Amboiſe & ſemer viendra le long de byndr
Ongle à Poytiers ſainctes aiſles ruiner,
Deuant Boni.

Exda

LIII.

Dedans Bolongne voudra lauer ses fautes,
Il ne pourra au temple du soleil:
Il volera faisant choses si hautes,
En hiérarchie n'en fut oncq vn pareil.

LIV.

Soubs la couleur du traicté mariage,
Fait par magnanime par grand Chyren selin:
Quintin, Arras recouurez au voyage,
D'espagnols fait second banc maclin.

LV.

Entre deux fleuues se verra enserré,
Tonneaux & caques vnis à passer outre:
Huict ponts rompus chef à tant enferré,
Enfans parfaicts sont iugulez en coultre.

LVI.

La bande foible la terre occupera,
Ceux du haut lieu feront horribles cris:
Le gros troupeau d'estre coin troublera,
Tombe pres Dinebro descouuers les escris.

LVII.

De soldat simple paruiendra en empire,
De robbe courte paruiendra à la longue:
Vaillant aux armes en Eglise ou plus pyre,
Vexer les prestres comme l'eau fait l'esponge.

LVIII.

Regne en querelle aux freres diuisé,
Prendre les armes & le nom Britannique:
Tiltre Anglican sera tard aduisé,
Surprins de nuict mener à l'air Gallique.

LIX.

Par deux fois haut par deux fois mis à bas,
L'orient aussi l'occident foyblira:
Son aduersaire apres plusieurs combats,
Par mer chasse au besoing faillira.

LX.

Premier en Gaule, premier en Romaine,
Par mer & terre aux Anglois & Paris,
Merueilleux faits par celle grand mesme,
Violant terax perdra le NORLARIS.

LXI.

Iamais par le descouurement du iour,
Ne paruiendra au sigue sceptiferè:
Que tous les sieges ne soyent en seiour,
Portant au coq don du TAG armifere.

LXII.

Lors qu'on verra expiler le sainct temple,
Plus grand du rosne leurs sacrez prophaner
Par eux naistra pestilence si ample,
Roy fuit iniuste ne fera condamner.

LXIII.

Quand l'adultere blessé sans coup aura,
Meurdry la femme & les fils par despit,
Femme assommee l'enfant estranglera:
Huict captifs prins, s'estouffer sans respit.

LXIV.

Dedans les Isles les enfans transportez,
Les deux de sept seront en desespoir:
Ceux du terroüer en seront supportez,
Nom pelle prins des ligues fuy l'espoir.

Le

LXV.

Le vieux fruſtré du principal eſpoir,
Il paruiendra au chef de ſon empire:
Vingt mois tiendra le regne à grand pouuoir,
Tiran,cruel en delaiſſant vn pire.

LXVI.

Quand l'eſcriture D.M.trouuee,
Et caue antique à lampe deſcouuerte,
Loy,Roy,& Prince Vlpian eſprouuee,
Pauillon Royne & Duc ſous la couuerte.

LXVII.

PAR.CAR.NERSAF,à ruine grãd diſcorde,
Ne l'vn ne l'autre n'aura election,
Ner ſaf du peuple aura amour & concorde,
Ferrare,Collonne grande protection.

LXVIII.

Vieux Cardinal par le ieuſnè deceu,
Hors de ſa charge ſe verra deſarmé:
Arles de monſtres double ſoit apperçeu,
Et liqueduct & le Prince enbauſmé.

LXIX.

Aupres du ieune le vieux ange baiſſer,
Et le viendra ſurmonter à la fin:
Dix ans eſgaux aux plus vieux rabaiſſer,
De trois deux l'vn huictieſme ſeraphin.

LXX.

Il entrera vilain meſchant,infame
Tyranniſant la Meſopotamie.
Tous amis fait d'adulterine dame,
Terre horrible noir de phiſonomie.

LXXI.

Croiſtra le nombre ſi grand des aſtronomes,
Chaſſez, banniis & liures cenſurez
L'an mil ſix cens & ſept par ſacrees glomes,
Que nul aux ſacres ne ſeront aſſeurez.

LXXII.

Champ Peruſin, ô l'enorme deffaite,
Et le conflict tout auprès de Rauenne,
Paſſage ſacre lors qu'on fera la feſte,
Vainqueur vaincu cheual manger l'auenne.

LXXIII.

Soldat Barbare le grand Roy frappera,
Iniuſtement non eſloigné de mort
L'auare mere du fait cauſe ſera,
Coniurateur & regne en grand remort.

LXXIV.

En terre neufue bien auant Roy entré,
Pendant ſubiets luy viendront faire acueil:
Sa perfidie aura tel rencontré,
Qu'aux citadins lieu de feſte & recueil.

LXXV.

Le pere & fils ſeront meurdris enſemble,
Le prefecteur dedans ſon pauillon:
La mere à Tours du fils ventre aura enfle,
Cache verdure de fueilles papillon.

LXXVI.

Plus Macelin que Roy en Angleterre,
Lieu obſcur n'ay par force aura l'empire:
Laſche ſans foy ſans loy ſaignera terre,
Son temps s'approche ſi preſque ie ſouſpire.

L'an

LXXVII.

L'antechrist trois bien toſt annichilez,
Vingt & ſept ans ſang durera ſa guerre:
Les heretiques morts captifs exilez,
Sang corps humain eau rogie greſler terre.

LXXVIII.

Vn bragamas auec la langue torte,
Viendra des dieux le ſanctuaire:
Aux heretiques il ouurira la porte,
Et ſuſcitant l'Egliſe militaite.

LXXIX.

Qui par fer pere perdra n'ay de Nonnaire,
De Gorgon ſur la ſera ſang perfetant:
En terre eſtrange fera ſi tout de taire,
Qui bruſlera luy meſme & ſon entant.

LXXX.

Des innocens le ſang de vefue & vierge,
Tant de maux faits par moyen ſe grand Roge:
Sains ſimulachres trempez en ardant cierge,
De frayeur crainte ne verra nul que boge.

LXXXI.

Le neuf empire en deſolation,
Sera changé du pole aquilonaire:
De la Sicile viendra l'eſmotion,
Troubler l'empriſe à Philip.tributaire.

LXXXII.

Ronge long ſec faiſant du bon valet,
A la parfin n'aura que ſon congie,
Poignant poyſon,& lettres au collet,
Sera ſaiſi eſchappé en dangie.

L 5

LXXXIII.

Le plus grand voile hors du port de Zara,
Pres de Bisance fera son entreprise:
D'eanemy perte & l'amy ne sera,
Le tiers à deux fera grand pille & prinse.

LXXXIV.

Paterne orra de la Sicile crie,
Tous les aprests du goulphre de Trieste,
Qui s'entendra iusque à la trinactie,
De tant de voiles fuy, fuy l'horrible peste.

LXXXV.

Entre Bayonne & sainct Iean de Lux
Sera posé de Mars la promotoire
Aux Hanix d'Aquilon Nanat hostera lux,
Puis suffoqué au lict sans adiutoire.

LXXXVI.

Par Arnani tholoser isle franque,
Bande infinie par le mont Adrian:
Passe riuiere, Hutin par pont la planque
Bayonne entrer tous Bichoro criant.

LXXXVII.

Mort conspiree viendra en plain effect,
Charge donnee & voyage de mort:
Esleu, cree receu par siens deffait,
Sang d'innocent deuant soy par remort.

LXXXVIII.

Dans le Sardeigne vn noble Roy viendra,
Qui ne tiendra que trois ans le royaume,
Plusieurs couleurs auec soy conioindra,
Luy mesme apres soin sommeil marrit scome

Pou

LXXXIX.

Pour ne tomber entre mains de son oncle,
Qui ses enfans par regner trucidez:
Orant au peuple mettant pied sur Peloncle
Mort & traisné entre cheuaux bardez.

X C.

Quãd dés croisez vn trouué de sens trouble,
En lieu du sacre verra vn bœuf cornu:
Par vierge porc son lieu lors sera comble,
Par Roy plus ordre ne sera soustenu.

X C I.

Parmy les champs des Rodanes entrées
Où les croysez seront presques vnys,
Les deux brassieres en pises rencontrées
Et vn grand nombre par deluge punis.

X C I I.

Loing hors du regne mis en hazard voyage
Grand ost duyra pour soy l'occupera,
Le Roy tiendra les siens captif ostage
A son retour tout pays pillera.

X C I I I.

Sept moys sans plus obtiendra prelature
Par son decez grand scisme fera naistre:
Sept moys tiendra vn autre la preture
Pres de Venise paix, vnion renaistre.

X C I V.

Deuant le lac ou plus cher fut getté
De sept mois, & son ost desconfit
Seront Hispans par Albanois gastez,
Par delay perte en donnant le conflict.

L5

XCV.

Le seducteur sera mis en la fosse,
Et estaché iusques à quelque temps,
Le clerc vny le chefauec sa crosse:
Pycante droite attraira les contens.

XCVI.

La synagogue sterile sans nul fruit
Sera receue entre les infideles,
De Babylon la fille du porsuit:
Misere & triste luy trenchera les aisles.

XCVII.

Aux fins de VAR changer les pompotans,
Pres du riuage les trois beaux enfans naistre:
Ruyne au peuple par aage competans,
Regne au pays changer plus voir croistre.

XCVIII.

De gens d'Eglise sang sera espanché,
Comme de l'eau en si grande abondance:
Et d'vn long temps ne sera restranché,
Ve ve au clerc ruyne & doleance.

XCIX.

Par la puissance des trois Rois temporels,
En autre lieu sera mis le sainct Siege:
Où la substance de l'esprit corporel,
Sera remis & receu pour vray siege.

C.

Pour l'abondance de larme respandue,
Du haut en bas par le bas au plus haut,
Trop grande foy par ieu vie perdue,
De soif mourir par abondant defaut.

PRO

PROPHETIES
DE MAISTRE.
Noſtradamus.
CENTVRIE IX.

I.

DAns la maiſon du traducteur de Bourg,
Seront les lettres trouuees ſur la table,
Borgne, roux, blanc, chanu tiendra de cours,
Qui changera au nouueau Conneſtable.

II.

Du haut du mont Auentin voix ouyes,
Vuydez, vuydez de tous les deux coſtez:
Du ſang des rouges ſera l'incaſſouyue,
D'Arimin Prato, Columna debotez.

III.

La magna vaqua à Rauenne grand trouble,
Conduicts par quinze enſerrez à Fornaſe:
A Rome naiſtra deux monſtres à teſte double,
Sang, feu, deluge, les plus grands à l'eſpaſe.

IV.

L'an enſuyuant deſcouuerts par deluge,
Deux chefs eſleuz, le premier ne tiendra.
De fuyr ombre à l'vn d'eux le refuge,
Saccagee caſe qui premier maintiendra.

Tiers

V.

Tiers doigt du pied au premier semblera
A vn nouueau monarque de bas haut,
Qui Pyfe & Luques Tyran occupera
Du precedent corriger le deffaut.

V I.

Par la Guyenne infinité d'Anglois,
Occuperont par nom d'Anglaquitaine,
Du Languedoc Ifpalme Bourdeloys,
Qu'ils nommeront apres Barboxitaine.

V I I.

Qui ouurira le monument trouué,
Et ne viendra le ferrer promptemént,
Mal luy viendra,& ne pourra prouué
Si mieux doit eftre Roy Breton ou Normand.

V I I I.

Puifnay Roy fait fon pere mettra à mort,
Apres conflict de mort tres-inhonnefte:
Efcrit trouué,foupçon donna remort,
Quand loup chaffé pofe fur la couchette.

I X,

Quand lampe ardente de feu inextinguible
Sera trouué au temple des Veftales.
Enfant trouué feu,eau paffant par crible:
Perir eau Nymes,Tholofe cheoir les halles.

X.

Moyne,moyneffe d'enfant mort expofé,
Mourir par ourfe,& rauy par verrier,
Par Fois & Pamyés le camp fera pofé,
Contre Tholofe Carcas dreffer forrier.

XI.

Le iuste mort à tort à mort l'on viendra
Publiquement du lieu esteint: (mettre
Si grande peste en ce lieu viendra naistre,
Que les iugeans fuyr seront contraints.

XII.

Le tant d'argent de Diane & Mercure,
Les simulachres au lac seront troquez:
Le figurier cherchant argille neuue
Luy & les siens d'or seront abbreuuez.

XIII.

Les exilez autour de la Soulongne
Conduits de nuict pour marcher à Lauxois,
Deux de Modenne truculent de Bolongne,
Mis descouuerts par feu de Burançois.

XIV.

Mis en planure chauderons d'infecteurs,
Vin, miel & huyle & bastis sur fourneaux,
Seront plongez, sans mal dit malfacteurs
Sept fum extaint au canon des bordeaux.

XV.

Prés de Parpan les rouges detenus,
Ceux du milieu parfondres menez loing:
Trois mis en pieces, & cinq mal soustenus,
Pour le Seigneur & Prelat de Bourgoing.

XVI.

De castel Franco sortira l'assemblee,
L'ambassadeur non plaisant fera scisme:
Ceux de Ribiere seront en la meslee,
Et au grand goulfre desnie oit l'entree.

Le

XVII.

Le tiers premier pis que ne fit Neron,
Vuidez vaillant que sang humain respandre::
R'edifier fera le forneron,
Siecle d'or mort; nouueau Roy grãd esclandre.

XVIII.

Le lys Dauffois portera dans Nansi,
Iusques en Flandres electeur de l'Empire·
Neufue obturee au grand Montmorency,
Hors lieux prouuez deliure à clere peine.

XIX.

Dans le milieu de la forest Mayenne,
Sol au Lyon la foudre tombera::
Le grand bastard yssu du grand du Maine,
Ce iour fougeres pointe en sang entrera.

XX.

De nuict viendra par la forest de Reines,
Deux pars vaultorte Hene la pierre blanche:
Le moyne noir en gris dedans Varennes,
Esleu cap cause tempeste,feu,sang trauche:

XXI.

Au temple haut de Bloys sacre Salonne,
Nuict pont de Loyre Prelat,Roy pernicant::
Curseur victoire aux marests de la lonne,
D'ou prelature de blancs abormeant:

XXII.

Roy & sa cour au lieu de langue halbe,
Dedans le temple vis à vis du palais::
Dans le iardin Duc de Mantor & d'Albe,
Albe & Mantor poignard langue & palais.

Puisn̄

XXIII.

Puifnay ioüant au fréfch deffoubs la tonne,
Le haut du toict du milieu fur la tefte,
Le pere Roy au temple fainct Salonne,
Sacrifiant facrera fum de fefte.

XXIV.

Sut le palais au rochier des feneftres,
Seront rauis les deux petits royaux:
Paffer aurelle Luthece, Denis cloiftres,
Nonnain, Mallods aualler vers noyaux.

XXV.

Paffant les ponts venir pres des rofiers,
Tard arriué pluftoft qu'il cuidera.
Viendront les noues Efpagnols à Befiers,
Qu'icelle chaffe emprinfe caffera.

XXVI.

Nice fortie fur nom des lettres afpres.
La grande cappe fera prefent non fien:
Proche de vultry aux murs de vertes capres,
Apres plombin le vent à bon effien.

XXVII.

De bois la garde, vent clos ronds pont fera,
Haut le receu frappera le Dauphin:
Le vieux teccon bois vnis paffera,
Paffant plus outre du Duc le droit confin.

XXVIII.

Voile Symaele port Maffiltolique,
Dans Venife port marcher aux Pannons:
Partir du gouffre & finus Illirique,
Vait à Socille, Ligurs coups de canons.

M

XXIX.

Lors que celuy qu'à nul ne donne lieu,
Abandonner voudra lieu prins non prins;
Feu neuf par saignes, bieument à Charlieu,
Seront Quintin Balez reprins.

XXX.

Au port de Puola & de sainct Nicolas,
Perir Normande au goufre Phanatique;
Cap de Bisance rues criet helas,
Secours de Gaddes & du grand Philippique.

XXXI.

Le tremblement de terre à Morrura,
Caffich sainct George à demy perfondrez:
Paix, assoupie la guerre esueillera,
Dans temple à Pasques abysmes enfondrez.

XXXII.

De fin porphire profond collon trouuee,
Dessouz la laze escripts capitolin;
Os poil retors Romain force prouuee,
Classe agiter au port de Methelin.

XXXIII.

Hercules Roy de Rome & d'Annemarc,
De Gaule trois Guion surnommé,
Trembler l'Italie & l'vnde de sainct Marc,
Premier sur tous monarque renommé.

XXXIV.

Le part soluz mary sera mitré,
Retour conflict passera sur le thuille:
Par cinq cens vn trahyr sera tiltré
Narbon & Saulce par couteaux ayans d'huille

XXX.V.
Et Ferdinand blonde sera deserte,
Quitter la fleur, suiure le Maçedon,
Au grand besoin, defaillira sa routte,
Et marchera contre le Myrmidon.

XXXVI.
Vn grãd Roy prins entre les mains d'vn Ioy-
Non loin de Pasque confusion coup cultre; (ne,
Perpet, captifs, foudre en la husne,
Lors que trois freres se blesseront & meurtrer.

XXXVII.
Pont & moulins en Decembre versez,
En si haut lieu montera la Gatonne:
Meurs, edifices, Tolose renuersez,
Qu'on ne sçaura son lieu autant matronne.

XXXVIII.
L'entree de Blaye par Rochelle & l'Anglois,
Passera outre le grãd Aemathien:
Non loin d'Agen attendra le Gaulois,
Secours Narbonne deceu par entretien.

XXXIX.
En Arbissel à Vcront & Carcari,
De nuict conduits par Sauonne attraper,
Le vifs Gascon Turby, & la Scerry:
Derrier mur vieux & neuf palais gripper.

XL.
Pres de Quintin dons la forest boiirlis,
Dans l'Abaye seront Flamens tanchés:
Les deux puisnais de coups my estourdis,
Suitte oppressee & garde tous achés.

M 2

XLI.

Le grand Chyren foy faifir d'Auignon,
De Rome lettres en miel plein d'amertume:
Lettre ambaſſade partir de Chanignon,
Carpentras pris par duc noir rouge plume.

XLII.

De Barcellonne, de Gennes & Veniſe
De la Secille peſte Monet vnis:
Contre Barbare claſſe prendront la viſe,
Barbare pouſſé bien loing iuſqu'à Thunis.

XLIII.

Proche à deſcendre l'armée Crucigere,
Sera guettée par les Iſmaëlites,
De tous coſtez batus par nef Rauiere,
Prompt aſſaillis de dix galéres eſlites.

XLIV.

Migrés, migrés de Geneue treſtous,
Saturne d'or en fer ſe changera,
Le contré RAYPOZ exterminera tous,
Auant l'aduent le ciel ſignes fera.

XLV.

Ne ſera ſoul iamais de demander,
Grand Mendoſus obtiendra ſon empire:
Loing de la cour ſera contremander
Pyemond, Picard, Paris Tyrron le pire.

XLVI.

Vuydez, fuyez de Toloſe les ronges,
Du ſacrifice faire piati on.
Le chef du mal deſſous l'ombre des courges:
Mort eſtrangler carne omination.

Le

XLVII.

Les soubs signez d'indigne deliurance,
Et de la multe auront contre aduis:
Change monarque mis en perille pence,
Serrez en cage se verront vis à vis.

XLVIII.

La grand cité d'Occean maritime,
Enuironnée de marets en cristal:
Dans le solstice hyemal & la prime,
Sera tentee de vent espouuantal.

XLIX.

Gand & Bruceles marcherôt contre Anuers,
Senat de Londres mettront à mort leur Roy:
Le sel & vin luy seront à l'enuers,
Pour eux auoir le regne en desarroy.

L.

Mandosus tost viendra à son haut regne,
Mettant arriere vn peu les Norlaris:
Le rouge blesme, le masle à l'interregne,
Le ieune crainte & frayeur Barbaris.

LI.

Contre les rouges sectes se banderont,
Feu, eau, fer, corde par paix se minera:
An point mourir ceux qui machineront,
Fors vn que monde sur tout ruinera.

LII.

La paix s'approche d'vn costé, & la guerre,
Oncques ne fut la poursuitte si grande:
Plaindre hôme, femme, sang innocét par terre,
Et ce sera de France à toute bande.

M 3

LIII.

Le Neron ieune dans les trois cheminees,
Fera de paiges vifs pour ardoit ietter:
Heureux qui loing sera de tels menees,
Trois de son sang le feront mort guetter.

LIV.

Arriuera au port de Corsibonne,
Pres de Rauenne, qui pillera la dame:
En mer profonde legat de la Vlisbonne,
Sous roc cachez rauiront septante ames.

LV.

L'horrible guerre qu'en l'Occidēt s'appreste,
L'an ensuiuant viendra la pestilence
Si fort l'horrible que ieune, vieux, ne beste,
Sang, feu, Mercure, Mars, Iupiter en France.

LVI.

Cap pres de Noudam passera Goussan ville,
Et à Maiotes laissera son enseigne:
Conuertira en instant plus de mille,
Cherchāt les deux remettre en chaine & regne.

LVII.

Au lieu de DRVX vn Roy reposera,
Et cherchera loy changeant d'Anathème:
Pendant le ciel si tresfort tonnera,
Portera neufue Roy tuera soy mesme.

LVIII,

Au costé gauche à l'endroit de Vitry,
Seront guettéz les trois rouges, de France:
Tous assommez rouge, noir non meurdry,
Par les Bretons remis en asseurance.

A la

LIX.

A la Ferté prendra la Vidame,
Nicol tenu rouge qu'auoit produit la vie:
La grand Loyse haistra que fera clame,
Donnant Bourgongne à Bretons par enuie.

LX.

Conflict Barbar en la Cornette noire,
Sang espandu, tremblet la Dalmatie:
Grand Ismael mettra son promontoire,
Ranes tremblet secours Lusitanie.

LXI.

Ia pille faicte à la coste marine,
In cita noua & parens amenez,
Plusieurs de Malte par le fait de Messine,
Estroit serrez feront mal guerdonnez.

LXII.

Au grand de Chera mon agora,
Seront croisez par rang tous attachez,
Le pertinax Oppi, & Mandragora,
Raugon d'Octobre le tiers seront laschez.

LXIII.

Plainctes & pleurs, cris, & grands hurlemens
Pres de Narbon à Bayonne & en Foix,
O quels horribles calamitez changemens,
Auant que Mars reuolu quelquesfois.

LXIV.

L'Æmathion passer monts Pyrenees,
En Mas Narbon ne fera resistance,
Par mer & terre fera si grand menee,
Cap n'ayant terre seure pour demeurance.

LXV.

Dedans le cuing de Luna viendra rendre
Où sera prins & mis en terre estrange,
Les fruicts immeurs seront à grand esclandre,
Grand vitupere, à l'vn grande loüange.

LXVI.

Paix, vnion sera & changemens,
Estats, offices bas haut & haut bien bas,
Dresser voyage, le fruict premier tourment,
Guerre cesser, ciuil proces debats.

LXVII.

Du haut des monts à l'entour de Lizere
Port à la roche. Valent cent assemblez,
De Chasteau neuf Pierre late en donzere
Contre le Crest Romans foy assemblez.

LXVIII.

Du mont Aymar sera noble obscurcie,
Le mal viendra au ioinct de Saone & Rosne,
Dans bois cachez soldats iour de Lucie
Qui ne fut onc vn si horrible throsne.

LXIX.

Sur le mont de Bailly & la Bresle
Seront cachez de Grenoble les fiers,
Outre Lyon, Vien eux si grande gresle,
Langoult en terre n'en restera vn tiers.

LXX.

Harnois trenchans dans les flambeaux cachez,
Dedans Lyon, le iour du Sacrement,
Ceux de Vienne seront trestous hachez,
Par les cantons Latins, Mascon ne ment.

Aux

LXXI.

Aux lieux sacrez animaux veu à trixe,
Auec celuy qui n'osera le iour,
A Carcassonne pour disgrace propice,
Sera posé pour plus ample seiour.

LXXII.

Encor seront les saincts temples pollus,
Et expillez par Senat Tholosain,
Saturne deux trois siecles reuollus.
Dans Auril, May, gens de nouueau leuain.

LXXIII.

Dans Fois entrez Roy ceiulee Turban,
Et regnera moins euolu Saturné,
Roy Turban blanc Bizance cœur ban,
Sol, Mars, Mercure pres la hurne.

LXXIV.

Dans la cité de Fertsod homicide,
Fait, & fait multe beuf arant ne macter,
Retours encores aux honneurs d'Artemide
Et à Vulcan corps morts sepulturer.

LXXV.

De l'Ambraxie & du pays de Trace
Peuple par mer, mal, & secours Gaulois,
Perpetuelle en prouence la trace,
Auec vestige de leurs coustume & loix.

LXXVI.

Auec le noir Rapax & sanguinaire,
Yssu du peaultre de l'inhumain Neron,
Emmy deux fleuues main gauche militaire,
Sera meurtry par Ioyne chaulueron.

M s

LXXXVII.

Le regne prins le Roy conjurera
La dame prinse à mort iurez à fort
La vie à Royne fils on defniera,
Et la pellix au fort de la confort.

LXXXVIII.

La dame Grecque de beauté laydique,
Heureuse faicte de procs innumerable,
Hors tranflatee en regne Hispanique,
Captiue prinse mourir mort miferable.

LXXXIX.

Le chef de claffe par fraude ftratageme,
Fera timides fortir de leurs galees,
Sortis meurtris chef renieux de crefme,
Puis par l'embufcho luy rendront le falerés.

LXXX.

Lé Duc voudra les fiens exterminer,
Enuoyera les plus forts lieux eftranges:
Par tyrannie Bize & Luc ruiner,
Puy les Barbares fans vin feront vendanges.

LXXXI.

Le Roy rufé ehtendra fes embufches,
De trois quartiers ennemis affaillir
Vn nombre eftrange larmes de coqueluches,
Viendra Lemprin du traducteur faillit.

LXXXII.

Par le deluge & peftilence forte,
La cité grande de long temps affiegee:
La fentinelle & garde de main morte,
Subite prinse, mais de nul outragee.

LXXXIII.
Sol vingt de Taurus si fort de terre trebler,
Le grand theatre remply ruinera,
L'air,ciel & terre obscurcir & troubler,
Lors l'infidelle Dieu & saincts voguera.

LXXXIV.
Roy exposé parfera l'hecatombe,
Apres auoir trouué son origine:
Torrent ouurir de marbre & plomb la tombe,
D'vn grand Romain d'enseigne Medusine.

LXXXV.
Passer Guienne,Languedoc,& le Rosne,
D'Agen tenans de Marmande & la Roole:
D'ouurir par foy parroy Phocé tiedra só trosne
Conflict aupres saint Pol de Mauseole.

LXXXVI.
Du bourg Larsyne paruiédront droit à Char-
Et feront pres du pont Authoni pause (tres,
Sept pour la paix cauteleux comme Martres,
Feront entree d'armee à Paris clause.

LXXXVII.
Par la forest du Torphon estartee,
Par hermitage sera posé le temple,
Le Duc d'Estampes par sa ruse inuentee,
Du mont Lehori prelat donra exemple.

LXXXVIII.
Calais Atras secours à Theroanne,
Paix & semblant simulera l'escoutte,
Soulde d'Alobrox descendre par Roanne.
Destornay peuple qui defera la routte.

Sept

LXXXIX.

Sept ans sera Philipp. fortune prospere,
Rabaissera des Arabes l'effort,
Puis son midy perplex rebors affaire,
Ieune ognion abismera son fort:

XC.

Vn Capitaine de la Grand Germanie
Se viendra rendre par simulé secous
Au Roy des Roys aide de Panno:e..
Que sa reuolte fera de sang grand cours.

XCI.

L'horrible peste Perynté & Nicopollor
Le Chersonnez tiendra & Marceloine,
La Thessalie vastera l'Amphipolle,
Mal incogneu, & le refus d'Anthoine.

XCII.

Le Roy voudra en cité neufue entrer,
Par ennemis expugner l'on viendra
Captif libere faux dire & perpetrer,
Roy dehors estre, loin d'ennemis tiendra.

XCIII.

Les ennemis du fort bien esloignez,
Par chariots conduict le bastion.
Par sur les murs de Bourges esgrongnez
Quand Hercules bastira l'Hæmathion.

XCIV.

Foibles galeres seront ynies ensemble,
Ennemis faux le plus fort en rampait:
Foible assaillies Vratislaue tremble,
Lubecq & Mysne tiendront barbare part.

Leu

XCV.

Leu nouueau faict conduira l'exercice,
Proche apamé iufqu'auprés du riuage:
Tendant fecours de Millannoile eflite,
Duc yeux priué à Milanfer de cage.

XCVI.

Dans cité entrera exercit defnice,
Duc entrera par perfuafion,
Aux foibles portes clam armée amenée,
Mettront feu, mort, de fang effufion.

XCVII.

De mer copies en trois parts diuifee,
A la feconde les viures failleront,
Defefperez cherchant champs Helifées,
Premiers en breche entrez victoire auront.

XCVIII.

Les affligez par faute d'vn feul taint,
Contremenant à partie oppofite,
Aux Lygonnois mandera que contraint
Seront de rendre le grand chef fle Molite.

XCIX.

Vent Aquilon fera partir le fiege,
Par meurs ietter cendres, chauls, & pouffiere:
Par pluye apres, qui leur fera bien pege,
Dernier fecours encontre leur frontiere.

C.

Nauálle pugne nuit fera fuperée.
Le feu aux naues à l'Occident ruine:
Rubriche neufue, la grand nef coloree,
Ire à vaincu, & victoire en bruine.

PRO

PROPHETIES
DE MAISTRE
Noſtradamus.

CENTVRIE X.

I.

L'ennemy, l'ennemy foy promiſe
Ne ſe tiendra, les captifs retenus:
Prins preme mort, &le reſte en chemiſe
Damné le reſte pour eſtre ſouſtenus.

II.

Voille gallere voil de nef cachera,
La grande claſſe viendra ſortir la moindre,
Dix naues proches tourneront pouſſer,
Grande vaincuë vnics à ſoy ioindre.

III.

En aprés cinq troupeaux ne mettra hors vn
Fuitif pour Penelon laſchera,
Faux murmurer, ſecours vnir pour lors,
Le chef le ſiege pour lors abandonnera.

IV.

Sus la minuict conducteur de l'armée
Se ſauuera ſubit eſuanoüy.
Sept ans aprés la femme non blaſmee,
A ſon retour ne dira onc ouy.

Albi

V.

Albi & Castres feront nouuelle ligue,
Neuf Arriens Lisbon & Portugues,
Carcas, Tholouse consumeront leur brigue,
Quand chef neuf monstre de Lauragues,

VI.

Sardon Nemaus si haut deborderont,
Qu'on cuidera Deucalion renaistre.
Dans le colloste la plus part fuyront,
Vesta sepulchre feu esteint apparoistre.

VII

Le grand conflit qu'on appreste à Nancy,
L'Æmathien dira tout ie soubmets,
L'Isle Britanne par vin sel en solcy;
Hem, mi, deux Phi. long teps ne tiendra Mets.

VIII.

Index & poulse parfondera le front,
De Senegalia le Conte à son fils propre,
La Myrnamee par plusieurs de prin front,
Trois dans sept iours blesses mort.

IX.

De Castillon figuieres iour de brune,
De femme infame naistra souuerain Prince:
Surnom de chausses perhume luy posthume,
Onc Roy ne fut si pire en sa prouince.

X.

Tasche de meutdre, enormes adulteres,
Grand ennemy de tout le genre humain:
Que sera pire qu'ayeuls, oncles ne peres,
Enfer, feu, eaux, sanguin & inhumain.

Dessous

XI.

Deſſous Ionchere du dangereux paſſage,
Fera paſſer le poſthume ſa bande.
Les monts Pyrens paſſer hors ſon bagage,
De Parpignan couurira duc à Tende.

XII.

Eſleu en Pape, d'eſleu ſera mocqué,
Subit ſoudain eſmeu prompt & timide,
Par trop bon doux à mourir prouoqué,
Crainte eſteinte la nuict de ſara mort guide.

XIII.

Souz la paſture d'aminaux ruminant,
Par eux conduicts au ventre helbipolique,
Soldats tachez, les armes bruit menant,
Non loing temptez de cité Antipolique.

XIV.

Vrnel Vaucile ſans conſeil de ſoy meſmes,
Hardit timide, car crainte prins vaincu,
Accompagné de pluſieurs putains bleſmes,
A Barcellonne au Chartreux conuaincu.

XV.

Pere duc vieux d'ans & de ſoif chargé,
Au iour extreme fils deſniant l'eſguiere,
Dedans le puits vif mort viendra plongé,
Senat au fil la mort longue & legere.

XVI.

Heureux au regne de Frāce, heureux de vie,
Ignorant ſang, mort fureur & rapine,
Par non flateur ſera mis en enuie,
Roy deſrobé, trop de foye en cuiſine.

L

XVII.

La Royne estrange voyant sa fille blesme,
Par vn regret dans l'estomach enclos:
Cris lamentables seront lors d'Angolesme,
Et au germains mariāge forclos.

XVIII.

Le rang Lorrain sera place à Vendosme,
Le haut mis bas,& le bas mis en haut,
Le fils de Mamon sera esleu dans Rome,
Et ses deux grands seront mis en defaut.

XIX.

Iour que sera par Royne saluee,
Le iour apres se salut,la premiere:
Le compte fait raison & valbuee,
Par auant humble onçques ne fut si fiere.

XX.

Tous les amis qu'auront tenu party,
Pour rude en lettres mis mort & saccagé.
Biens publiez par fixe grand neanty,
Onc Romain peuple ne fut tant outragé.

XXI.

Par le despit du Roy soustenant moindre,
Sera meurtry luy presentant les bagues:
Le pere au fils voulant noblesse poindre,
Fait comme à Perse iadis firent les Magues.

XXII.

Pour ne vouloir consentir au diuorce,
Qui puis apres sera cogneu indigne:
Le Roy des isles sera chassé par force,
Mais à son lieu qui de Roy n'aura signe.

N

XXIII.

Au peuple ingrat faictes les remonſtrances,
Par lors l'armee ſe ſaiſira d'Antibe,
Dans l'arc Monech feront les doleances,
Et à Freius l'vn l'autre prendra ribe.

XXIV.

Le captif prince aux Itales vaincu
Paſſera Gennes par mer iuſqu'à Marceille,
Par grand effort des forens ſuruaincu
Sauf coup de feu barril liqueur d'abeille.

XXV.

Par Nebro ouurir de Biſanne paſſage,
Bien eſloignez el tago fara mœſtra,
Dans Pelligouxe ſera commis l'outrage,
De la grand dame aſſiſe ſur l'orcheſtra.

XXVI,

Le ſucceſſeur vengera ſon beau frere,
Occuper regne ſoubs ombre de vengeance,
Occis oſtacle ſon ſang mort vitupere,
Long temps Bretaigne tiendra auec la France.

XXVII.

Par le cinquieſme & vn grand Hercules
Viendront le temple ouurir de main bellique,
Vn Clement, Iule & Aſcans recules,
L'eſpee, clef, aigle, n'eurent onc ſi grand picque.

XXVIII.

Second & tiers qui font prime muſique
Sera par Roy en honneur ſublimee,
Par grande & maigre preſque demy etiequo
Raport de Venus faux rendra deprimee.

De

XXIX.

De Pol MANSOL dans cauerne captine
Caché & prins extrait hors par la barbe,
Captif mené comme beste mastine
Par Bergourdans amenee prés de Tarbe.

XXX.

Nepueu & fang du fainct nouueau venu,
Par le furnom fouftient arcs & couuert
Seront chaffez, mis à mort, chaffez nu,
En rouge & noir conuertiront leur vert.

XXXI.

Le fainct empire, viendra en Germanié
Ifmaëlites trouueront lieux ouuerts,
Anes voudront auffi la Carmanie
Les fouftenans de terre tous couuerts.

XXXII.

Le grand empire chacun an deuoit eftre,
Vn fur les autres le viendra obtenir:
Mais peu de temps fera fon regne & eftre,
Deux ans naues fe pourra fouftenir.

XXXIII.

La faction cruelle à robbe longue,
Viendra cacher fous fes pointus poignards,
Saifir Florence le Duc & lieu diphlonque,
Sa defcouuerte par immurs & flangnards.

XXXIV.

Gaulois qu'empire par guerre occupera,
Par fon beau frere mineur fera trahy:
Pour cheual rude, voltigeant trainera,
Du fait le frere long temps fera hay.

N 2

XXXIV.

Puifnay royal flagrant d'ardant libide,
Pour fe iouyr de coufine germaine:
Habit de femme au temple d'Arthemide,
Allant meurdry par incognu du Maine.

XXXVI.

Apres le Roy du foucq guerres parlant,
L'ifle Harmotique le tiendra à mefpris:
Quelques ans bons rongeant vn & pillant,
Par tyrannie à l'Ifle changeant pris.

XXXVII.

L'aflemblee grande pres du lac de Borget,
Se ralieront pres de Montmelian:
Marchans plus outre penfifs feront proget,
Chambry, Mofaine combat fainct Iulian.

XXXVIII.

Amour allegre non loing pofe le fiege,
Au fainct barbar feront les garnifons:
Vrfins Hadrie pour Gaulois feront plaige,
Pour peur rendus de l'armee aux Grifons.

XXXIX.

Premier fils vefue mal-heureux mariage,
Sans nuls enfans deux Ifles en difcord:
Auant dixhuict incompetant aage,
De l'autre pres plus bas fera l'accord.

XL.

Le ieune nay au regne Britannique,
Qu'aura le pere mourant recommandé,
Iceluy mort LONOLE donra topique,
Et à fon fils le regne demandé.

En

XLI.

En la frontiere de Caussa & de Charlus,
Non guieres loing du fonds de la valee:
De ville Franche musique à son de luths,
Enuironnez combouls & grand mittee.

XLII.

Le regne humain d'Angelique geniture,
Fera son regne paix vnion tenir:
Captiue guerre demy de sa closture,
Long temps la paix leur fera maintenir.

XLIII.

Le trop bon temps trop de bonté royale,
Fais & desfais prompt subit negligence:
Legier croira faux d'espouse loyalle,
Luy mis à mort par beneuolence.

XLIV.

Par lors qu'vn Roy sera contre les siens,
Natifs de Bloys subiuguera Ligures,
Mammel, Cordube & les Dalmatiens,
Des sept puis l'ôbre à Roy estrénes & lemeures.

XLV.

L'ombre du regne de Nauarre non vray,
Fera la vie de sort illegitime:
La veu promis incertain de Cambray,
Roy Orleans donra mur legitime.

XLVI.

Vie soit mort de l'or vilaine indigne,
Sera de Saxe non nouueau electeur:
De Brunsuic mandra d'amour signe,
Faux le rendant au peuple seducteur.

N 3

XLVII.

De bourze ville à la dame Guyrlande,
L'on mettra fur par fa trahifon faicte
Le grand prelat de Leon par Formande,
Faux pelerins & rauiffeurs deffaicte.

XLVIII.

De plus profond de l'Efpaigne enfeigne,
Sortant du bout & des fins de l'Europe,
Troubles paffant aupres du pont de Laigne,
Sera deffaicte par bande fa grand troupe.

XLIX.

Iardin du monde aupres de cité neufue,
Dans le chemin des montaignes cauees:
Sera faifi & plongé dans la Cuue,
Beuuant par force eaux foulphre enuenimees.

L.

La Meufe au iour terre du Luxembourg,
Defcouurira Saturne & trois en lurne:
Montaigne & peine, ville cité & bourg,
Lorrain deluge, trahifon par grand hurne.

LI.

Des lieux plus bas du pays de Lorraine
Seront des baffes Allemaignes ynis:
Par ceux du fiege Picards, Normans, du Maifne,
Et aux cantons fe feront reünis.

LII.

Au lieu où Laye & Scelde fe marient,
Seront les nopces de long temps maniees:
Au lieu d'Anuers où la crappé charient,
Ieune vieilleffe conforte intamiuce.

Les

LIII.

Les trois pelices de loing s'entrebatront,
La plus grand moindre demeurera à l'escoute:
Le grand Selin n'en fera plus patron,
Le nommera feu pelte blanche routte.

LIV.

Nee en ce monde par concupine fertiue,
A deux haut mise par les tristes nouuelles,
Entre ennemis sera prinse captiue,
A amenee à Malings & Bruxelles.

LV.

Les mal-heureuses nopces celebreront
En grande ioye, mais la fin mal-heureuse,
Mary & mere note desdaigneront,
Le Phybe mort, & note plus piteuse.

LVI.

Prelat royal son baissant trop tiré,
Grand fleux de sang sortira par sa bouche,
Le regne Angelicque par regne respiré,
Long temps mort vifs en Tunis cóme souche.

LVII.

Le subleué ne cognoistra son sceptre,
Les enfans ieunes des plus grands honnira:
Oncques ne fut vn plus ord cruel estre,
Pour leurs espouses à mort noir bannira.

LVIII.

Au temps du dueil que le felin monarque
Guerroyera la ieune Æmathien:
Gaule branslet pericliter la barque,
Tenter Phossens au Ponant entretien.

LIX.

Dedans Lyon vingtcinq d'vne haleine.
Cinq citoyens Germains, Breſſans, Latins:
Par deſſous noble conduiront longue traine,
Et deſcouuers par abbois de maſtins.

LX.

Ie pleure Niſſe, Mannego, Pize, Gennes,
Sauonne, Sienne, Capuë Modene, Malte:
Le deſſus ſang, & glaiue par eſtrennes,
Feu, trembler terre, eau mal-heureuſe nolte.

LXI.

Betta, Vienne Emorte, Sacarbance,
Voudront liurer aux Barbares Pannone:
Par picque & feu enorme violence,
Les conjurez deſcouuers par matrone.

LXII.

Pres de Sorbin pour aſſaillir Ongrie,
L'herault de Brudes les viendra aduertir:
Chef Biſantin, Sallon de Sclauonie,
A loy d'Arabes les viendra conuertir.

LXIII.

Cydron, Raguſe, la cité au ſainct Hieron,
Reuerdira le medicant ſecours;
Mort fils de Roy par mort de deux heron,
L'Arabe, Hongrie feront vn meſme cours.

LXIV.

Pleure Milan, pleure Luques, Florence,
Que ton grand Duc ſur le char montera,
Changer le ſiege pres de Veniſe s'aduance,
Lors que Colonne à Rome changera.

O va

LXV.

O vaste Rome ta ruyne s'approche,
Non de tes murs, de ton sang & substance:
L'aspre par lettres fera si horrible coche,
Fer pointu mis à tous iusques au manche.

LXVI.

Le chef de Londres par regne l'Americh,
L'isle d'Escosse tempiera par gelee:
Roy Reb auront vn si faux Antechrist,
Que les mettra trestous dans la meslee.

LXVII.

Le tremblement si fort au mois de May,
Saturne, Caper, Iupiter, Mercure au bœuf:
Venus aussi, Cancer, Mars, en Nonnay,
Tombera gresle lors plus grosse qu'vn œuf.

LXVIII.

L'armee de mer deuant cité tiendra,
Puis partira sans faire longue allee:
Citoyens grande proye en terre prendra,
Retourner classe prendre grande emblee.

LXIX.

Le fait luysant de neuf vieux esleué,
Seront si grands par Midy, Aquilon:
De sa sœur propre grandes alles leué,
Fuyant meurdry au buisson d'Ambellon.

LXX.

L'œil par obiect fera telle excroissance,
Tant & ardante que tombera la neige:
Champ arrousé viendra en decroissance,
Que le primat succombera à Rege.

N 5

LXXI.

La terre & l'air geleront si grand eau,
Lors qu'on viendra pour Ieudy venerer:
Ce qui sera iamais ne fut si beau,
Des quatre parts le viendront honorer.

LXXII.

L'an mil neuf cens nonante heuf sept mois,
Du ciel viendra vn grand Roy d'effrayeur:
Resusciter le grand Roy d'Angolmois,
Auant apres Mars regner par bon-heur.

LXXIII.

Le temps present auecques le passé,
Sera iugé par grand Ioualiste:
Le monde tard luy sera lassé,
Et desloyal par le clergé iuriste.

LXXIV.

An renolu du grand nombre septiesme,
Apparoistra au temps ieux d'Hecatombe:
Non esloigné du grand aage milliesme,
Que les entrez sortiront de leur tombe.

LXXV.

Tant attendu n e reuiendra iamais,
Dedans l'Europe en Asie apparoistra:
Vn de la ligue yssu du grand Hermes,
Et sur tous Roys des Orients croistra.

LXXVI.

Le grand Senat discernera la pompe,
A l'vn qu'apres sera vaincu chassé:
Ses adherans seront à son de trompe
Biens publiez, ennemis dechassez.

LXXVII.

Trente adherans de l'ordre des quirettes
Bannis,leurs biens donnez ses aduersaires:
Tous leurs bienfaits seront pour demerites,
Classe escargie deliurez aux Corsaires.

LXXVIII.

Subite ioyé en subite tristesse,
Sera à Rome aux graces embrassees:
Dueil,cris,pleurs,larme sang, excellent liesse
Contraires bandes surprinses & troussees.

LXXIX.

Les vieux chemins seront tous embellys,
Lon passera à Memphis somentree;
Le grand Mercure d'Hercules fleur de lys,
Faisant trembler terre,mer & contrée.

LXXX.

Au regne grand du grand regne regnant,
Par force d'armes les grands portes d'airain:
Fera ouurir,le Roy & Duc ioignant,
Fort demoly,nef à fons,iour serain.

LXXXI.

Mis tresors temple citadins Hesperiques:
Dans iceluy retiré en secret lieu:
Le temple ouurir les liens fameliques,
Reprens,rauis,proye horrible au milieu.

LXXXII.

Cris,pleurs,larmes viendront auec couteaux,
Semblant fuyr,donront dernier assaut,
L'entour parques planter profonds plateaux,
Vifs repoussez & meurdris de plinsaut.

De

LXXXIII.

De batailler ne sera donné signe,
Du parc seront contraints de sortir hors:
De Gand l'entour sera cogneu l'ensigne,
Qui fera mettre de tous les siens à morts.

LXXXIV.

La naturelle à si haut non bas,
Le tard retour fera marris conténs:
Le Recloing ne sera sans debats,
En employant & perdanttout son temps.

LXXXV.

Le vieil tribun au pointde la trehemide
Sera pressee, captif ne deliurer,
Le vueil, non vueil, le mal parlant timide,
Par legitime à ses amis liurer.

LXXXVI.

Côme vn gryphon viendra le Roy d'Europe
Accompagné de ceux d'Aquilon,
De rouges & blancs conduira grand troupe,
Et iront contre le Roy de Babylon.

LXXXVII.

Grãd Roy viédra prendre port pres de Nisse
Le grand empire de la mort si en sera
Aux Antipolles, posera son genisse,
Par mer la Pille tout esuanouyra.

LXXVIII.

Pieds & Cheual à la seconde veille,
Feront entree vastient tout par la mer:
Dedans le poil entrera de Marseille,
Pleurs, crys, & sang, onc nul temps si amer.

D

LXXXIX.

De brique en mabre seront les murs reduits,
Sept & cinquante annees pacifiques:
Ioye aux humains, renoüé l'aqueduict,
Santé, temps grands fruicts, ioye & mellifiques.

XC.

Cent fois mourra le tyran inhumain,
Mis à son lieu sçauant & debonnaire,
Tout le Senat sera dessous sa main,
Fasché sera par malin temeraire.

LCI.

Clergé Romain l'an mil six cens & neuf,
Au chef de l'an feras election:
D'vn gris & noir de la Compagnie yssu,
Qui onc ne fut si maling.

XCII.

Deuant le pere l'enfant sera tué,
Le pere apres entre cordes de ionc,
Geneuois peuple sera esuertué,
Gisant le chef au milieu comme vn tronc.

XCIII.

La barque neufue receura les voyages,
Là & aupres transfereront l'Empire:
Beaucaire, Arles retiendront les hostages,
Pres deux colomnes trouuees de Porphire.

XCVI.

De Nismes, d'Arles, & Vienne contemner,
N'ybeor à ledict d'Hespericque:
Aux labouriez pour le grand condamner,
Six eschappez en habit seraphicque.

Le

XCV.

Dás les Espaignes viendra Roy tres-puissant,
Par mer & terre subiugant or Midy:
Ce mal fera, rabaissant le croissant,
Baisser les aisles à ceux du Vendredy.

XCVI.

Religion du nom de mers vaincra,
Contre la secte fils Adaluncatif,
Secte obstinee deploree craindra
Des deux blessez par Aléph & Aleph.

XCVII.

Triremes pleines tout aage captif,
Temps bon à mal, le doux pour amertume:
Proye à Barbares trop tost seront hatifs,
Cupid de voir plaindre au vent la plume.

XCVIII.

La splendeur claire à pucelle ioyeuse,
Ne luyra plus, long temps sera sans sel:
Auec marchans, ruffiens, loups odieuse,
Tous pesle mesle monstre vniuersel.

XCIX.

La fin le loup, le lyon, beuf, & l'asne,
Timide dama seront auec mastins:
Plus ne cherra à eux la douce manne,
Plus vigilance & custode aux mastins.

C.

Le grand empire sera par Angleterre,
Le pempotam des ans de trois cens:
Grandes copies passer par mer & terre,
Les Lusitains n'en seront pas contens.

FIN.

1

Touchant La Gr. Bret.
Veyez Centurie 2. Quatrain 50.
Voy. Cent. 3. Quatr. 57.
Voy. Cent. 3. Quatr. 80.
Voy. Cent. 4. Quatr. 10.
Voy. Cent. 4. Quatr. 89.
Voy. Cent. 4. Quatr. 96.
Voy. Cent. 5. Quatr. 93.
Voy. Cent. 6. Quatr. 22.
Voy. Cent. 8. Quatr. 37.
Voy. Cent. 8. Quatr. 58.
Voy. Cent. 8. Quatr. 76.
Voy. Cent. 9. Quatr. 11.
Voy. Cent. 9. Quatr. 49.
Voy. Cent. 10. Quatr. 40.
Voy. Cent. 10. Quatr. 66.
Vey. Cent. 10. Quatr. 100.
Voy. Cent. 3. Quatr. 16.
Voy. Cent. 3. Quatr. 61.

L'an mil six cents que l'on nomme quarante
Cil dont le nom commence par cinquante
Prendra la femme du pere des croyans.

Quand sur les gens on verra neige noire
S'eleuera le fer parisien;
Et pour Bruxelles on aura la victoire,
Qui fera peur au grand Italien.

www.ingramcontent.com/pod-product-compliance
Lightning Source LLC
Chambersburg PA
CBHW070619100426
42744CB00006B/542